跑姿分析

生物力學物理治療師的跑步醫學

莊子聰 著

釀字工房
IDEATE TRAILS

目 CONTENT 錄

CHAP TER **1**

跑步相關肌肉解剖

CHAP TER **2**

正確跑姿

CHAP TER **3**

跑步相關的痛症
成因與生物力學

莊子聰

作者的話

「簡單的病重複治，重複的病用心看。」

筆者在 2008 年畢業的時候，滿腔熱忱拿著幾道板斧去做治療工作。起初還算得心應手。但到後來醫治運動專項痛症的時候，發現總是摸不著頭腦。最記得 2012 年一位馬拉松跑手 Tony，他因為內側脛骨壓力症求醫，我使出渾身解數，「針電手拉」，效果還是只有一半，休息了 2 星期，當他再度跑步的時候，疼痛又來襲。我十分懊惱，也很頹喪。每次治療前我都思考良久，預備好治療方案，卻還是不得要領。就這樣帶著這份煩惱和懸念過了好幾個年頭，這幾個年頭我尋找跑姿對動作的影響、拉筋伸展對柔韌度的影響、熱身需要做什麼、重心軀幹傾斜角度、踏頻、扁平足、跑鞋等等對跑步痛症的影響我都深入研究，最終到 2017 年才發現這個病症與跑姿中的「貓步」有關。用 5 年去尋找一個病症的答案，時間很長，但很值得。

「前掌全掌？落地應點樣落？」

「消體感是良藥，轉心態乃神藥！」

記得 3 年前有一位跑友來診所治療膝關節痛，他原本 2018 年 12 月才完成廣州馬，但賽前已經有膝關節痛，全程一拐一拐完成賽事。賽後休息足足一個月，後來再跑又感覺痛楚。因此他前來求醫，在紅外線跑步分析下，找到了疼痛原因—「跨步」和「腳跟著地」。

在一輪的拉伸側線、ITB、前淺線、四頭肌後，情況改善多了，基本上走路或上

下樓梯都不痛。筆者原本建議他要大改跑姿，改成增加腳頻、減少步距、全掌落地。但他未及完全適應新動作，而又怕犧牲了跑步速度，因此在 2019 年 4 月的倫敦馬中，到 20km 又開始痛了。他在 20km 後改由前掌落地，感覺痛楚終於有減少，算是可以用原本定好的速度完成賽事。

在治療的過程中，我們醫者有很好的理由請跑者改變姿勢，但改還是不改，全賴患者自身去決定，很多時候都是「有苦自己知」。消痛滅病，不難；改變人心，最難。

上面兩個例子只是眾多跑步問題的其中一個答案。本書收錄了筆者十年來的臨床觀察和翻閱文獻的結果，其中「九個病態跑姿」、「跑步十式」都是筆者嘔心瀝血的研究結果。期望本書能夠助跑者更加了解自己的動作和力學關係，也期望跑手們給予我更多意見，讓我能幫助更多跑手突破瓶頸，繼續「PB」！

姚潔貞

奧運馬拉松長跑香港代表

推薦序一
奧運馬拉松長跑香港代表

對我來説，這是一本可以傍身備用的跑步物理治療書。

雖然我已練習長跑達 20 年，但仍會忽略很多細節，甚至可以説未清楚完全了解自己身體，每個肌肉、跟腱、韌帶等等是否運用得宜，以及如何維持其最佳健康狀態。曾經有治療師説我的臀部力量很弱，我才發現自己原來不懂如何用力。本書作者提到可以附加一條運動貼布貼在臀部臀大肌的位置，讓它有一些感覺，就好像不斷有一個人在提醒你「臀部要用力」，製造喚醒效果，這個建議方法有效又有趣。

除此以外，雖然每個人天生骨骼有所不同，但不論我或其他跑手或許都曾有相同的問題，例如盆骨前傾、低足弓、八字腳等，這些身體問題都會令我們跑步不夠效率，甚至引致受傷。書中提到的跑步常見痛症例子，其實聽見得多，但就是不懂處理，而作者在每個例子都伴隨基本自療方法，亦即書中所提及的跑步十式。跑友可以即時自行訓練，相當體貼有用。

書中知識當然有用，但更全面的一定是親身到物理治療師那邊做治療，加快康復進度。

Ginny Wong

Dashing Iron Team 創辦人
豆腐鐵人

推薦序二
Dashing Iron Team 創辦人

「幾時跑得？」這個問題，大概所有跑手在受傷後都問過醫生或物理治療師。

「唔好跑啦！」是最保守、最不會惹來醫療責任的答案，畢竟跑步不是維持生命所必須的。我甚至在被膝痛困擾時，遇過一位反問我「你唔跑會死嘅咩」的醫生。

那是十六、七年前的事了，那時跑步並不像現在普及，醫生或物理治療師遇上運動創傷的業餘跑手，一般的答案都是請他們停跑、食止痛藥、消炎藥等等。對於一般不運動的人，痛便停跑好正常；跑，不是必須的。

但，「無得跑，同條鹹魚有咩分別？！」你懂的。

遇上本書作者莊子，我不需再做鹹魚了。當然，在傷勢最嚴重時確實要停跑一段短時間，不過即使停跑，莊子也會教我們如何繼續鍛練，跑手的鍛練不止運動場上的 400 米衝圈、也不限於跑至懷疑人生的長課；鍛練還可在醫學角度出發，針對傷患的原因，設計相應的肌肉訓練。

每次受傷後，莊子也會詳細講解釋受傷的原因，除了在其診所使用各種嶄新的醫療儀器外，莊子還會教我一連串相關的康復練習，要我回家做功課。這些加快了康復過程，亦有助我將來減少同類受傷的機會。

依書直說，能通過專業考試的，大有人在；但以「創造無痛世界」為使命的，相信就只有莊子這位物理治療師了。幫助病人的熱枕，與病人同一視角的同理心，是

莊子獨有的。亦因為這些特質，驅使他不斷進步，不單保持著原有物理治療的專業，還不斷引進新科技，例如紅外線跑姿分析儀，3D Scan 體態姿勢分析儀等等，務求更科學地尋找跑手受傷的原因及避免方法。

　　大約十年前認識莊子後，他便成為我的御用物理治療師，我亦經常推薦他給我的三鐵團隊隊員。現在他綜合了他的寶貴經驗及專業知識，寫了這本《跑姿分析》，教我們防患於未然，做到長跑長有，實在是各位跑手之福。

李錦璇 (Kitty Lee)

Columbia Sportswear 贊助越野跑運動員
BIX Hydration 運動大使

推薦序三
越野跑運動員

　　我是一位跑者，喜歡長距離越野跑。對於身體的結構，肌肉及關節等功能，我都有很深的認識。可是，當在跑步中需要「運用肌肉」的時候，我就如同其他跑者一樣，遇上不少問題！

　　去年我把自己的跑步片段上載到臉書，朋友們看後都給了我不少跑步的意見，也因如此，作者莊子為我進行了跑步分析。莊子是一位資深的物理治療師，對於不同的運動創傷，他會仔細分析、講解及給予適當的物理治療。

　　很多人都不察覺自己在跑步姿勢上出現了問題，慶幸有莊子為我錄影及作分析，提點了我在姿勢上哪個位置出錯，引致傷患以及不能提升速度的原因，從而找出相應的處理方法。記得有次我上右腿脛前肌腫痛，原來是前掌上拗起與腳跟著地導致，全靠跑姿分析找出問題所在！

　　跑手往往會遇上不同程度的傷患，有些人會選擇休息，希望自行痊癒，又或積極按摩、吃藥等。而我選擇了及時進行跑姿分析、物理治療及更正跑姿，希望不會重蹈覆轍！

　　很多書本都有教導正確跑步姿勢，如何突破等等，我誠意推薦《跑姿分析》這本書，它的內容除了教導正確的跑姿外，還列出最常見的九種病態跑姿及其相關傷患；而我最喜歡的就是跑步常見痛症例子和重組訓練這兩部分，能夠針對不同的病態跑姿，建議相關肌肉訓練和自療方案，從而協助跑者改善姿勢！

　　長跑不是只跑一次半次，長時間、長距離的挑戰更加需要有良好的跑步姿勢，及注意如何避免傷患，這樣才能夠事半功倍，長跑長有！

跑步相關肌肉解剖

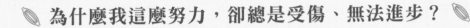

為什麼我這麼努力，卻總是受傷、無法進步？

要了解跑步，先要了解肌肉。無論是要解決跑步時出現的痛症，還是想跑得更快更遠，都要先對肌肉的實際解剖結構有初步了解。

跑者可能會有個疑問：「我只是簡單跑個步，都要懂得肌肉解剖這麼複雜的理論嗎？」

跑者必要先明白，**「頭痛醫頭、腳痛醫腳」**這個邏輯在運動醫學上是不適用的。當膝關節痛時，若果只是用按摩膏搽患處，針對那個地方按摩或者拉筋，通常只會得到短暫紓緩。一旦重新跑步，疼痛就會再次出現。腳掌痛的跑者，通常喜歡聽其他同伴的建議，例如試試更換新跑鞋，結果買了一雙又一雙新鞋，錢花了，痛還在。又例如想突破跑步速度的跑者，會嘗試以平板支撐、深蹲等加強訓練，但苦練了好一段日子，跑步速度依然沒有改善。

這就是沒有好好了解肌肉關節紋理的跑者常見的問題。

學習跟跑步特別有關的解剖學、肌肉關節紋理，有兩大好處：

① 對於有跑步痛症的患者來說，可以更深入了解痛症背後原因。更有效解決不適。
② 對於想提升跑步表現的跑者來說，在進行針對肌肉體能的訓練上，有更全面的認知，在設計阻力訓練和核心肌肉訓練的時候，會更快有效果。

第一章，我們首先認識與跑步有關的肌肉群組。

1·1 臀部肌肉：臀部三兄弟

(圖1)

臀部有三條肌肉，我們稱其為「臀部三兄弟」，分別是臀大肌、臀中肌、臀小肌。很大塊的部分就是臀大肌（圖1），而臀中肌就是內裏的一條肌肉（圖2）。

(圖2)

　　從前的運動醫學，大多只專注於大腿四頭肌、小腿腓腸肌，或者後大腿膕繩肌。近 20 年來國際上的一些研究，包括哈佛大學醫學院，以及美國最頂尖跑步實驗室內最優秀的研究博士，均開始不斷強調臀部肌肉在跑步上的重要性。因此，我們把臀部肌肉放在講解的第一位。

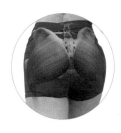

臀大肌

起點	髂骨（臀面），腰筋膜，骶結節韌帶，薦骨
終點	髂脛束，股骨（臀肌粗隆）
動作	伸直髖關節，將身體往前、往上推
神經	臀下神經（L5、S1、S2）
拮抗肌	腰大肌、髂肌、腰小肌

臀中肌、臀小肌

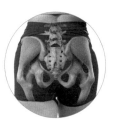

起點	臀前、臀後線間的髂骨翼外表面
終點	股骨（大轉子）外側
動作	髖關節外展，走路時對側肌肉收縮防止軀幹偏斜
神經	臀上神經（L4、L5、S1）
拮抗肌	內收肌

　　當將它們分開看時，你可以看到三維的樣貌是怎樣的。臀部的肌肉比例有分大、中、小。臀大肌分兩個終點，即兩個白色的位置，第一個終點在股骨內，第二個終點會連下去鼎鼎大名的 IT Band，亦即是在闊筋膜張肌下面的髂脛束。

　　因此臀大肌這樣大的肌肉，其實連接了兩個部分，代表它負責做兩個動作：大腿後伸和外展。

　　除了將大腿後伸與外展，臀大肌亦有維持盆骨穩定的作用。當我們跑步時，大腿單腳著地的一刻，臀大肌的離心收縮維持了整個軀幹和盆骨在水平姿態，以防傾斜和跌倒。

> 以身體右邊的臀大肌為例，
> 向心部分：右臀大肌將右大腿外展
> 離心部分：在右大腿站立的時候，將盆骨穩定在水平姿態，以防止傾斜

　　大腿外展和維持盆骨穩定的狀態其實都是在用同一組的臀部肌肉，但它是改變了其起點和終點，與它向心和離心收縮的狀態而產生的動作。

什麼是「向心收縮」及「離心收縮」？

「向心收縮」、「離心肌肉」是肌肉的其中兩種作用形態。

向心收縮 (Concentric Muscle Action)：肌肉收縮力量大於外在負荷重量時，肌肉縮短的過程。

離心收縮 (Eccentric Muscle Action)：肌肉收縮力量小於外在負荷重量時，慢慢「被拉長」的過程。

臀部是塊寶，積極訓練是跑者進步的開端！

既然這三個兄弟——臀大肌、臀中肌、臀小肌都是用來做一樣的東西，為什麼我們要靠三塊肌肉去做同一件事呢？

根據哈佛大學的人類演化學家研究發現，原來十萬年前，人類盆骨中的髂骨面是朝後方的，時至今日人類的盆骨面已進化到側面了。有了更立體的側面臀中肌和臀小肌，使我們的肌耐力提升，能站立得更持久，對抗地心吸力的潛能亦大幅提升。

這個進化狀態是為了什麼？就是從四肢著地，變成可以只用兩腳支撐、行走、甚至跑步，以便我們追捕獵物。因此，臀部三兄弟在人類演化史上擔當了一個很重要的角色，為人類的日常出行提供了更強的穩定性。

我們行走時，人體的重量有很多落在單側的臀部。而跑步的時候，因為地心吸力的關係，我們更要承受比體重多達三倍的重量，因此一個肌肉不足以支撐，需要兩個、三個，去維持我們向前活動的一個姿態。

最可惜的是，我們經常忽略了它，轉而使用其他肌肉取代臀部。

有沒有試過跑步後，大腿有累感、痠痛感，或者小腿很累很痠軟很繃緊，但是臀部卻沒有這種感覺？

這是因為你沒有積極地使用臀部這塊肌肉！透過進行針對性的訓練，啟動臀大肌、臀中肌、臀小肌的意識，可以使跑步動能全面提升，亦能減少使用其他過度勞損的肌肉，從而解決痛症。

莊子老師學堂

臀大肌是身體最大最重的肌肉！

平常行走時，我們很少使用到臀大肌。但當我們上梯級、跑步時，它的參與就顯得非常重要。在仔細觀察之下，臀大肌有兩個終點，一個髂脛束的終點，和一個股骨的終點。前者負責將髖關節外展，後者內收。它們合作時就是最強大的後伸肌肉。

在跑步的整個支撐過程中，無論是提供抓地向前，或是與地心引力對抗以防左右側過分擺動，它都扮演著很重要的角色！

◎ 正確的跑步姿態，其實無時無刻都在使用臀部 ◎

臀部三兄弟都屬於人體後或後側方的肌肉，當腳向前踏的時候，我們就要發動腰大肌、腰小肌這些前方的腰部肌肉互相配合。它們一前一後，形成「拮抗肌」，互相交替而變成連貫的動作。

跑步時，當其中一隻腳從後方向前踏，在空中停留的狀態我們稱為「Swing Phase（擺動期）」，這個狀態需要的主動肌肉就是前方的腰大肌和腰小肌。但由於速度很快，我們在空中的最後一刻要減速，這個時候就需要臀大肌做離心肌肉收縮去減慢腿部的速度和準備降落著地。

所以基本上，跑者們無時無刻都在用臀部三兄弟的。

◎ 臀部三兄弟的「表面解剖」位置 ◎

臀部三兄弟的所在地是股骨的大轉子，那大轉子在哪呢？

我們可以嘗試把手放在盆骨上，手腕的橫紋位放在盆骨（髂骨上沿）頂後向下碰，（手指尖）感覺到突出來的那個就叫大轉子。那其實是股骨的大轉子，你可以看到（或摸到）它是很大塊的。但凡人體突出來的位置，都是肌肉依附著的地方，因為它每日都要使用，所以它便會受牽扯力而突出，形成大的骨隆突。

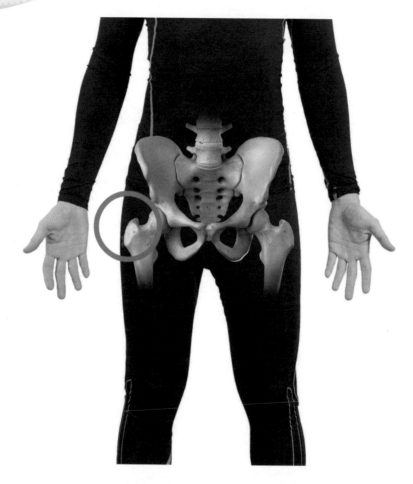

　　這些骨隆突的位置，很多時候會感覺硬、緊，或者會有感覺不順的咔咔聲響，有些跑者在跑步時間較長後亦會感覺該位置有痠痛感。股骨的大轉子出現疼痛，很大程度是因為臀部的肌肉軟組織柔韌度和肌肉力度不足，或者是筋膜下的水囊受到長期摩擦下發炎，形成脹痛。要緩解痛楚，需要對症下藥，作出針對性的臀部激活力量訓練及動作模式糾正訓練。

1·2 腰大肌與髂肌

🌰 鼠蹊部位的不適感，可能是腰大肌在作怪 🌰

　　部分跑者在跑步、推臀或提腿的時候，會感覺到髖關節前方的鼠蹊部位有異常的繃緊或疼痛不適，檢查過髖關節卻沒有出現異常病變。你可能忽略了一個橫跨髖關節的深層核心肌肉——腰大肌。

　　腰大肌位於腰椎的旁邊，是塊很大而且深層的肌肉。股骨的位置除了上述提及的大轉子，還存在一些小轉子，在股骨內側凸出來，而腰大肌的筋膜連接始點正是股骨大腿內後方的小轉子，因此每當我們作出抬起大腿的動作時都會使用到腰大肌。若腰大肌出現問題，就會在髖關節前方的鼠蹊出現繃緊或不適。所以，若跑者在跑步或提腿時發現髖關節前方有任何不適，都應該要想想是不是腰大肌的問題，然後好好地伸展和鍛練它。

腰大肌		
起點	T12－L5 的脊椎橫突、椎體、椎間盤	
終點	股骨小轉子	
動作	髖關節彎曲 髖關節些微外旋	外上部分彎腰 內下部分腰椎超伸
神經	腰神經叢的 L1、L2、L3 前分支	
拮抗肌	臀大肌	

　　腰大肌是非常特別的，因為它連接的部分從脊椎橫跨髖關節直到股骨的小轉子，因此不只是抬腿的動作會使用到腰大肌，它也負責維持軀幹的穩定性。

　　由於腰大肌的起點都依附在腰椎上，外上的部分用作彎腰，過多了就會形成寒背；內下的部分用作腰椎超伸，過多了就會形成盆骨前傾。

　　有些跑者出現盆骨前傾、腰椎拱出來的情況，跑步完畢，他會感到腰痛，除了要解決後腰背的問題，也要想想前方腰大肌的放鬆，或者做適度的啟動強化。

髂肌、髂脛束與闊筋膜張肌

　　與腰大肌同一類別的還有髂肌，髂肌相對比較小，在盆骨內的邊緣位置，再到小轉子的終點，跑步時做提腿。

髂肌	
起點	髂窩
終點	股骨小轉子
動作	髖關節彎曲　髖關節些微外旋
神經	股神經的 L2、L3
拮抗肌	臀大肌

◎ 髂脛束 ◎

　　髂脛束是大腿外側一條非常厚的軟組織，英文是 Iliotibial Band（簡稱 IT Band），與它連在一起的部分是闊筋膜張肌，那是一片很長、闊大，而又很硬的筋膜。

闊筋膜張肌	
起點	髂前上棘與髂棘結節之間的髂嵴外側
終點	連接髂脛束抵達髕骨和脛骨外緣
動作	外展屈曲髖關節，拉緊髂脛束、穩固膝關節
神經	臀上神經（L4、L5）

這麼長的組織之中，肌肉的部分只是佔三分一。

從上圖可見，肌肉是紅色的，而白色的那部分就是筋腱，筋腱就是肌肉和骨連接的地方，通常就是發生痛症的地方。很多人都有試過感到髂脛束有痛楚，有趣的是，痛楚通常會在筋腱的位置，就是近骨的地方（白色的位置）。

因此要有效地放鬆整條肌肉加肌腱的軟組織，一定要伸展和按壓上面紅色肌肉的部分，因為肌肉有更多的彈性，比起筋腱來得容易鬆弛。

有跑者剛剛跑完馬拉松，很累了，便懶得去冷卻、拉筋，沒有把握好正確處理繃緊肌肉的黃金時機。

確實，跑完步的那刻，真的不想做任何東西。但只要知悉後果的嚴重性，可能產生的痛症，就知道不敢怠慢。**拉筋是必須的，不能以按摩取代。因為只有拉伸才能把肌肉延長。**

1·3 四頭肌

　　四頭肌大家耳熟能詳，當中筆者故意分開了股直肌和其餘三條肌，因為只有股直肌是雙重關節肌肉。

四頭肌		
	股直肌	股四頭肌（剩下三條）
起點	前下髂棘（AIIS）	外側頭：大轉子下方 中間頭：股骨前方 內側頭：股骨前上方內側
終點	髕骨上沿、髕骨韌帶、脛骨粗隆	
動作	伸直膝關節、屈曲髖關節	
神經	股神經	
拮抗肌	後大腿肌	
備註	雙關節肌， 同時做向心及離心	外側頭與 闊筋膜張肌的關係

髖膝踝動態平衡

　　髖關節、膝關節、踝關節三部分組合，是為**髖膝踝動態平衡**（Hip-Knee-Ankle Dynamic）。

　　摒棄「頭痛醫頭，腳痛醫腳」的錯誤觀念，不是膝蓋痛就在膝蓋找問題。每逢髖關節有問題，我們便要想想膝和踝；反之，當膝關節有問題，我們便應想想髖關節和踝

關節，這就是我們思想的套路──髖膝踝動態平衡，是需要一起思考的部分。

股直肌是第一個雙重關節肌肉，因為它橫跨兩個關節，同時管理髖關節和膝關節。在地心吸力的帶動下，它同時要處理對抗向下墜、保持姿勢和向前推進的多功能角色。它成為一個軌道，把力量從下傳到上。

一般的教練都可能知道四頭肌，但分拆開來的時候，其實最表面的那一層才是橫跨兩個關節的。接著內裏的三塊，其實都是由股骨走到髕骨，所以它只是管膝蓋伸展，只處理膝蓋向前伸直的動作。因此在做深度伸展的時候，只顧及膝關節的屈曲是不足夠的，同時也要把髖關節後伸。

◎ 外側頭和闊筋膜張肌的關係 ◎

關於使用按摩槍的問題，打大腿側面其實對髂脛束沒有很大作用。但它內裏的肌肉，就是四頭肌的外側頭，如果鬆弛這一部分，也可以減輕膝關節的壓力。但控制按摩槍時，要加重力度，才能鬆弛深層、內裏的肌肉，因為該處表面被一塊髂脛束筋膜阻隔。髂脛束相對比較淺一些，但都有相當厚度，所以只按摩表面是不足夠的，要加重一點力度，才能鬆弛四頭肌的外側頭。通常我們懂得如何拉髂脛束，但拉鬆髂脛束後，還要拉四頭肌的外側頭，才可以鬆弛整個四頭肌。

1·4 梨狀肌

腳後側有麻痺針刺感，問題可能在梨狀肌

梨狀肌是由骶骨去到大轉子的小肌肉，負責處理外旋的動作。它的特點就是位處坐骨神經線上，若它繃緊的話，會拉扯到腳部後面，整個小腿以至腳掌都會有痠痛、麻痺、針刺的感覺。

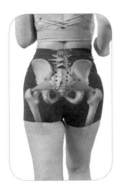

梨狀肌	
起點	骶骨前表面外側緣
終點	股骨轉子窩
動作	使股骨外旋外展
神經	到梨狀肌神經（S1、S2）
拮抗肌	內收肌

有些人跑步時是比較外八字腳的（詳見第四章：9 個病態跑姿），當只有單側呈現外八字，我們便要處理一下梨狀肌的問題了。梨狀肌最常出現問題的壓痛點位在肌肉的正中間，因為正中間的內部就是坐骨神經線，彼此非常貼近。

若梨狀肌抽筋或者繃緊情況嚴重，有機會蔓延到整隻腳。所以我們要懂得鬆弛，不要讓自己變成外八字腳。

1·5 膕繩肌

　　膕繩肌是後大腿最長的肌肉群。它有三個終點，分別是外面的股二頭肌、後面的半膜肌還有半腱肌，是第二組雙重關節肌肉。

　　它在整個跑步步態中，最特別的角色就是在負重反應期時，與地心引力對抗，保持姿勢穩定。奧運金牌得主、牙買加前男子短跑運動員保特（Usain St Leo Bolt），受了傷的地方就是膕繩肌，2017 年保特也因此退役。不只是跑步，足球運動員也經常因它而發愁。因此膕繩肌的強化、康復一直都是運動醫學界關注和研究的主要對象。

　　膕繩肌的拉傷可以分急性撕裂或者慢性勞損。跑者如果只是感到疼痛，表面並沒有明顯瘀腫血塊，那就是錯誤跑姿或者過度訓練形成的慢性勞損。

膕繩肌

	股二頭肌	半膜肌	半腱肌
終點	短頭：股骨後表面的 linea aspera（粗線） 長頭：坐骨粗隆	坐骨粗隆	
動作	腓骨頭	脛股髁的內後方	脛股髁的前內側 （鵝掌腱）
神經	屈曲膝關節 外旋膝關節 （膝關節彎曲時） 伸直髖關節（只有長頭）	屈曲膝關節 伸直髖關節	
神經	長頭：脛神經（L5,S1, S2） 短頭：腓總神經 （L5, S1, S2）	脛神經	脛神經 （L5、S1、S2）
拮抗肌		股四頭肌	
備註	短頭為單關節肌 長頭為雙關節肌		

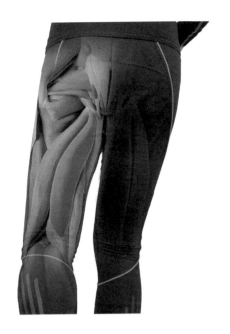

🏉 為什麼跑步會導致膕繩肌拉傷？ 🏉

　　當我們跑步時跨步過大（詳見第四章：9 個病態跑姿），腳部踏出去的距離比自己重心前太多的話，膕繩肌的壓力便會增加。

　　這樣會不斷造成扯力，每一步都扯的話，肌肉便會斯裂，產生發炎痛楚。若是在剛剛出現疼痛時不知就裏，還不斷拉筋，反而有機會越來越痛。

　　膕繩肌拉傷的正確處理方法是調整步距、審視步頻、改善盆骨中立姿勢。 在不知道緣由的情況下作錯誤的自我調理方式，只會令問題加劇；休息一陣子後，再開始以錯誤的步姿跨步，扯裂再次發生，疼痛便無法驅散。我們在第七章會再詳細解釋。

1·6 長收肌、短收肌、大肌

大腿內側的肌肉，一般都比較容易被遺忘，因為病患疼痛比較少發生在這個區域上。

當跑步時，我們特別需要留意內收肌。有趣的是，和臀部、後大腿一樣，內收肌也是有三兄弟的，分別是長肌、短肌和大肌（或者叫巨肌），它們做的動作都是大腿內收。

內收肌三兄弟

起點	下恥骨支的腹側面和恥骨體
終點	股骨粗線的 2/3 處
動作	內收大腿
神經	閉孔神經前支
拮抗肌	外旋、外展肌

加強訓練對內收肌的影響

在什麼時候，我們特別需要留意內收肌問題呢？

就是那些資深跑手，或跑步目標明確、對訓練有特別高要求的跑者，他們往往在嘗試不同的方法突破瓶頸，包括增加訓練量、衝圈數增加、突然改變自己跑姿等。筆者曾經遇上全馬突破 Sub 3 和 33 分鐘內跑畢 10 公里的跑者，他們在跑步時會形成病態跑姿（詳見第四章：8 個跑步病姿），例如貓步，使用了過多內收肌肉，使得兩腳落地交叉嚴重，產生內側脛骨疼痛。

1·7 小腿三頭肌：腓腸肌和比目魚肌

腓腸肌是非常特別的，它是第三個雙重關節肌肉，而且位置在小腿。它橫跨了膝關節和踝關節，因此能夠操控屈曲膝關節和下彎踝關節；比目魚肌與腓腸肌不同，是單關節肌肉束，主要作用在於協助關節完成屈伸動作。

大家跑步久了，小腿後面會否出現很緊繃的情況？這其實是因為小腿後面的腓腸肌和比目魚肌過度用力而疲勞。在跑步上，**過度的蹬腿或者過度的腳前掌落地都會導致腓腸肌和比目魚肌緊繃或勞損。**

莊子老師學堂

什麼是雙重關節肌肉？

雙關節肌（Two Joint Muscle）是指同一組肌肉橫跨兩個關節，具備使兩個關節產生運動。以腓腸肌為例，它橫跨了膝關節和踝關節。在受傷風險的管理下，我們需要特別留意這些肌肉的受力情況。

	腓腸肌	比目魚肌
起點	內側頭：股骨的內上髁背側 外側頭：股骨的外上髁背側	比目魚肌線腓骨頭、 頸後表面及近端骨幹
終點	與比目魚肌在跟骨 合為阿基里斯腱到腳跟	與腓腸肌在跟骨 合為阿基里斯腱到腳跟
動作	可幫助膝蓋彎曲 踝關節屈曲（往足底面拉）	踝關節屈曲（往足底面拉）
神經	脛神經，主要為 S1，次要為 S2	脛神經 L5 − S2
拮抗肌	脛前肌	
備註	雙頭肌，為雙關節肌 蹬腿	梭形肌，為單關節肌 蹬腿

　　腓腸肌比較表層，而比目魚肌比較深層。我們屈曲膝關節時，踮腳尖的動作就只是用比目魚肌；但當伸直膝關節，踮腳尖的主要工作就交給腓腸肌了。因此當人站直了，腓腸肌在一個伸直的狀態上，我們跳的時候便會用上腓腸肌。

　　一般跑步動作，預先使用的都是腓腸肌，比較容易勞損的，都是腓腸肌。

小腿肌肉和阿基里斯筋腱炎

腓腸肌和比目魚肌連著足跟的部分，有一條很長的筋腱，名叫阿基里斯筋腱。

著名的美國籃球球星高比拜仁、足球界的碧咸、甚至是跨欄的欄王劉翔，都曾患有阿基里斯筋腱炎。

就像我們常吃的牛腩河或者牛孖筋那樣，當中白色啫喱狀的東西就是阿基里斯筋腱。在不斷的錯誤動作、過度負荷下，慢慢形成勞損。到了約 30 歲前後，當負荷超越它可承受的支撐臨界點，它便有機會突然撕開，完全斷裂。

當中有些原因是退化性病變。筋腱本身富有彈性，非常厚實粗壯，但在日積月累不斷的撕裂、微細的損傷，或者曾經多次發炎下，它就會變得很厚、缺乏彈性，要麼長期疼痛、要麼突然撕裂斷開。一般人在 25 歲之前，還有細胞分裂，所以還有大量細胞懂得修補的這些地方；過了 25 歲後，就不是這麼容易再生了。

1.8 脛後肌

　　脛後肌比較長，是在小腿的內側
位置，特別的地方在於它連接的位置
——腳掌的內側，也就是足弓的橋
位。大家可以試試用手指跟著脛骨
內側緣深入摸下去，然後將腳掌
內翻，用一隻手指尖在小腿脛骨
的位置感覺肌肉跳動，便會觸及到整
條肌肉。

脛後肌	
起點	骨間膜後表面及其鄰近脛骨與腓骨
終點	舟狀骨粗隆及內側楔形骨鄰近部位
動作	內翻腳掌、踝關節屈曲（往足底面拉）
神經	脛神經 L4 與 L5
拮抗肌	脛前肌
備註	扁平足

脛後肌與扁平足

脛後肌的主要功能是提起足弓。如果脛後肌夠力支撐，就可以減輕扁平足的程度。

相反，脛後肌若出現退化或勞損，腳踝內側便會發痛，力量便會減低，誘發動態扁平足或者後天性的扁平足。因此跑者需要好好拉筋、強化和喚醒脛後肌，令扁平足的程度減輕。

1·9 脛前肌

有脛後肌，自然就有脛前肌。這兩個肌肉十分有趣，它們的終點位置很相近，就在楔骨底部內側，第一塊蹠骨的基部內側。

脛前肌

起點	脛骨前外側及鄰近間膜
終點	內側楔形骨底部內側及第一塊蹠骨基部內側
動作	腳尖翹起便可在小腿摸到，可幫助進行足背彎曲
神經	腓深神經主要 L4，次要為 L5
拮抗肌	脛後肌，比目魚肌

脛後肌與脛前肌這兩塊肌肉的前和後都在差不多的位置完結，它們形成了一個 U 字形，一前一後。一個肌肉是幫它把小腿向上提，另一個就是把小腿向內收，所以這兩個肌肉我們需要一起去看。

當跑者跑步時過度以腳跟落地，在落地的一刻，脛前肌需要用離心肌肉收縮的方式使腳掌慢慢落下，長遠就會出現繃緊情況。在脛前肌相對較薄而缺乏耐力的先天條件下，造成勞損痛症是在所難免的。

1·10 外展足拇肌

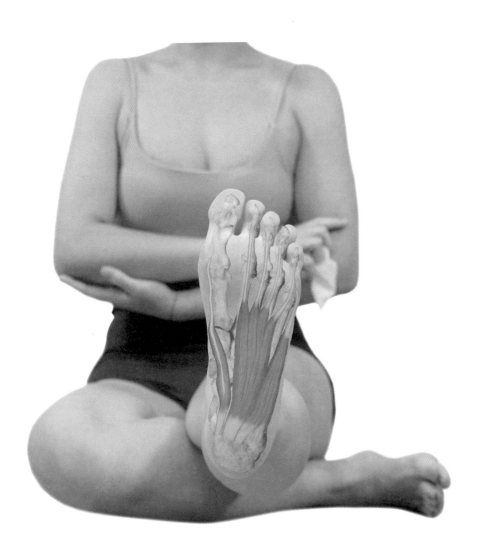

　　外展足拇肌是腳掌的小肌肉，顧名思義，也就是負責拇指的外展動作。

　　很多人沒有發現，自己的拇指是可以做這麼多有趣的小動作。不難想像，人的基底越寬闊，平衡力、穩定性就越高。因此當拇指外展後，尤其是在跑步動態時能夠**用更寬闊的腳面做支撐**，就能減低左右搖擺的不穩定，增加向前的**衝力**。

外展足拇肌	
起點	跟骨粗隆內側
終點	拇趾近端趾骨基部內側
動作	外展足拇指
神經	正中腳掌神經
備註	跑步十式：健足操，虎爪熊掌

　　知道這個肌肉位置，就會聯想到足底筋膜。這兩個組織距離非常接近，發炎痛症可能不是足底筋膜，可能是外展足拇肌。

足底的鐵三角

趾短屈肌是小腳指外展肌，它和外展足拇肌連在一起，就形成「足底鐵三角」。

這個鐵三角就非常特別，如果一邊不用力，另外兩邊便會用多了；或者某一邊過分用力，另外兩邊就用得太少。所以我們需要注意在使用它們時要達到一個非常完美的平衡，要不然，只要任何一邊出現問題，都可以觸發腳掌不適。

人體如果把支撐的基底拉得越闊的話，就會越容易取得平衡，例如我們在單腳站立的時候，兩邊的肌肉都沒有用力，支撐點便變得很小；但如果肌肉懂得用力，支撐點便會增大，就會平衡得比較好。

39

跑步的時候，單腳所承受的壓力會是體重的 2-3 倍，如果力量能分散到腳掌每塊肌肉的話，基底夠闊，壓力盡量分散，就能減低受傷風險。

上文提及八字腳和梨狀肌的關係，另外也跟腳掌這個鐵三角用力有關，能夠啟動好內外側的小肌肉，也就能平衡好部分八字腳問題。

莊子老師學堂

拉筋能使足底筋膜炎痊癒？

哈佛大學的教授級物理治療師 Irene Davis，近年大力提倡「Strong Foot Program」（足部強化運動）。這個運動的重點就是這個鐵三角裏面的肌肉，我們一定要找方法去刺激、使用它，任何我們想像到的動作和方向，只要是鍛鍊腳踝和腳踝以下的腳掌肌肉，都要囊括在內。

坊間有傳，足底筋膜炎患者只要拉筋就能痊癒，事情當然並不是那麼簡單。

我們真正需要的，第一是要拉伸全部腳踝和腳踝以下的肌肉，第二要做強化，其實是一個綜合和很大的工程。

1·11　橫隔膜

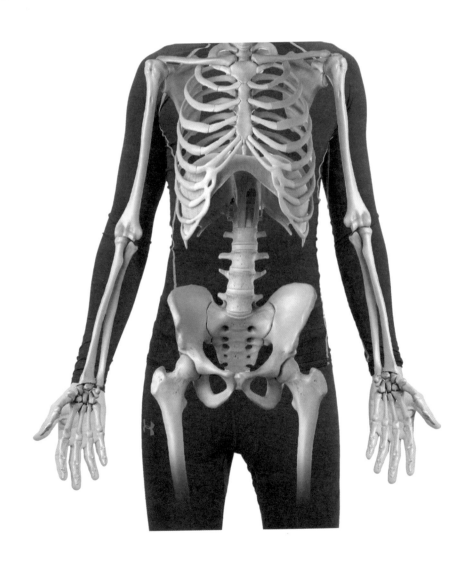

　　橫隔膜雖然名稱為「膜」，卻不是筋膜的一種，它也是人體其中的一塊肌肉。它的面積很大，之所以被稱為「膜」，是因為它不論從上面或下面看去的角度，都覆蓋在人的肋骨和胸腔。

橫隔膜	
起點	胸骨劍突、肋軟骨
終點	腰椎（左二右三）
動作	吸氣時下降呈平面 呼氣時上升呈拱形 穩定腰椎姿勢
神經	膈神經與下部肋間神經

　　橫隔膜是用作支撐肺部的，所以它是一整塊的模樣。要感受到它的存在和位置，我們可以嘗試深呼吸一下。

　　深呼吸時，橫隔膜向下呈扁平形狀，因為空氣進入身體，肺部便要脹起來；呼氣的時候則相反，它會縮起向上拱。

善用橫隔膜呼吸，提升跑步換氣效率

　　眾所周知，跑步需要用氣，正確運用肺部和橫膈膜，能使氣體交換的效率提升，所以我們吸氣、呼氣時要有一種意識：吸氣的時候脹，橫隔膜向下；呼氣的時候收，把橫隔膜收回來。

　　我們可以試試呼氣呼到盡，就會感覺到腹部收緊，之後就會縮胸，還有提肛。

　　另外，由於橫膈膜的筋腱部分會依附在腰椎椎體上，因此也是核心肌群的其中一組，幫助脊椎增加穩定性，對保持軀幹穩定性也十分重要。

1·12 提肛肌

提肛肌是一組肌肉的通稱，相對比較複雜，包括恥骨尾骨肌、恥骨直腸肌、髂骨尾骨肌。提肛肌就是在會陰的位置，覆蓋了整個會陰位，出力時便會向內收和向上（腹部）提升。

提肛肌與橫膈膜一起工作，共同建構強壯的核心肌群，在一呼一吸之間不斷強化。

提肛肌	
起點	分三塊：恥骨尾骨肌、恥骨直腸肌、髂骨尾骨肌
動作	提肛
神經	提肛神經

什麼是「提肛」？

提肛，是當我們四平八穩地坐下時，同時將雙腳分開、腰伸直、不靠在椅背、挺直收腹，就可以感覺到左右坐骨中間的會陰部分，即盆底肌肉和部分——會陰肌——會貼在椅子上。我們可以試試吸氣，然後全部呼出，就更能知道提肛的感覺——整個肌肉皮膚向上升起，通常它們會一組一起使用的。

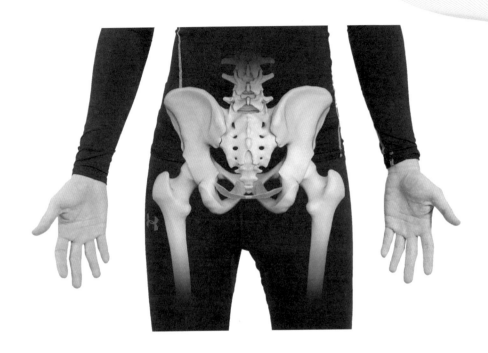

女士過了 55 歲後，患有尿失禁的機會會提高。我曾經遇過一個個案，一位女士本身有跑步的習慣，但令她很尷尬的是，跑步時的上下震動感，會讓她有一點尿滲的問題。於是我幫她訓練橫隔膜和提肛肌，讓她可以重拾跑步的樂趣。

古今中外，古印度的瑜珈和中國的道家內功，都強調呼吸和提肛運動。近年在美國運動醫學上的不斷研究下，提肛運動已經是解決慢性腰椎痛症的必然康復運動之一。在跑步動態上，提肛能維持盆骨中立、穩定姿勢減少左右移動、強化下盤。

CHAPTER 2

正確跑姿

2·1 著陸、推進及吸收

本章提及的正確跑姿及理論，只針對長跑而非短跑。

在開始討論跑步步態之前，我們先要認識一些用語，分別是**「觸地期」**和**「擺動期」**。顧名思義，當我們跑步的時候，單腳接觸地面的時間就是觸地期；其餘雙腳在空中的時間就是擺動期。

跑步時的觸地期也分三個部分——**初始觸地期，又稱著陸**（Landing）；**負重反應期，又稱吸收**（Absorption）；**準擺動期，又稱推進**（Propulsion）。著陸，是腳剛剛接觸地面的一刻；推進，是腳準備離開地面的那一刻；而吸收，就是兩者之間的中間點。

在著陸和推進之間有一個中間部分筆者要特別提及，到底什麼是吸收？

吸收期是一個能量轉換的重點，在跑步力學分析中，特別強調的一點。第一章曾提及過肌肉有向心、離心的動作，當腳部著陸那一下就是離心，去到吸收期的時候就會變成向心，而**吸收期，就是由離心至向心的一個轉換。**

體重和地心吸力在這個轉換過程被吸收，然後再推進。此刻肌肉就像彈弓一樣，當彈弓吸收所有能量收縮，再釋放的時候就會張開。我們把力量轉換，吸收然後推進，這個轉換的過程我們稱作吸收期。

2.2 冠狀面、矢狀面和橫斷面

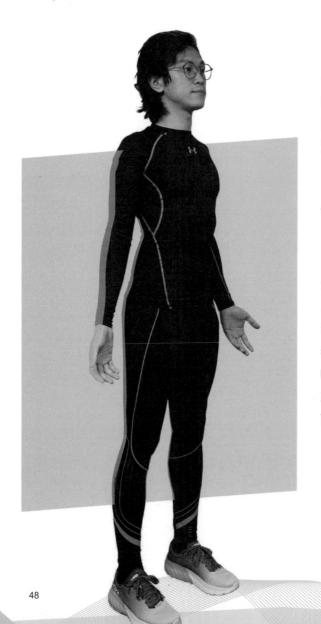

人體是三維的，意即包含了三個維度，在開始論及正確跑姿之前，有些詞語我們需要先了解——冠狀面、矢狀面和橫斷面。

◎ 冠狀面 ◎

冠狀面就是正面，有個比較容易的記法：假設自己是古代的臣子，當你看到皇帝時，我們都要恭恭敬敬的，正面面對著他時會見到他的皇冠，這樣就可以記得冠狀面是在正面了。

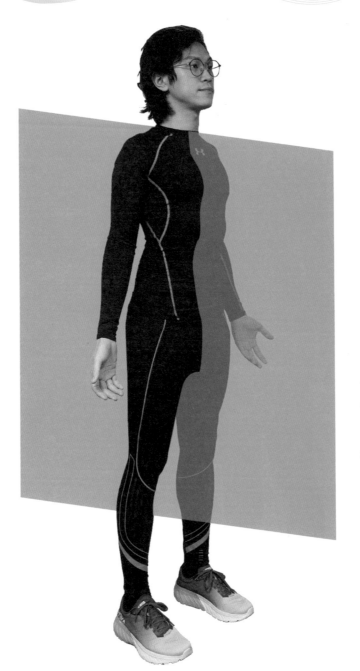

◈ 矢狀面 ◈

　　至於矢狀面，我
們可以想像射箭的時
候，我們會側身拿著
弓箭，我們可以記住
矢狀面是在側面的。

◎ 橫斷面 ◎

　　最後還有一個維
度叫橫斷面，就是從
上而下望下去，人體
會旋轉，旋轉的那個
面就是橫斷面。

當我們做跑步生物力學分析時，就是根據這三個維度做觀察的。

筆者匯整了三個圖表，以顯示個別關節在不同時期所產生的角度。分別為初始觸地期（著陸）、負重反應期（吸收）和準擺動期（推進）。

初始觸地期（著陸）

關節	冠狀面	矢狀面	橫斷面
盆骨	不適用	15°-20° 前傾	
髖	10° 內收	30°	5°-10° 內旋
膝	0°	15°	10° 外旋
踝	不適用	0°-5° 背屈	
後跟內塌（-）外翻（+）	10°-15° 外翻	不適用	
重心足觸地距離	不適用		

負重反應期（吸收）

關節	冠狀面	矢狀面	橫斷面
盆骨	不適用	15°-20° 前傾	
髖	15° 內收	30°	0° 內旋
膝	3-5 內彎	40°	0° 外旋
踝	不適用	20° 背屈	
後跟內塌（-）外翻（+）	-3°--8° 內塌	不適用	
重心足觸地距離	不適用		

準擺動期（推進）

關節	冠狀面	矢狀面	橫斷面
盆骨	不適用	20°-25° 前傾	
髖	0°-5° 外展	15°	5°-10° 外旋
膝	5° 外翻	10°	5°-10° 外旋
踝	不適用	15° 足底屈	
後跟內塌（-）外翻（+）	10°-15° 外翻	不適用	

　　綜合上表，人體每一個關節都有可承受的幅度範圍，不會偏差過多，有經驗的跑步教練和物理治療師就能看出其中的差異。

　　舉例説，在矢狀面的觀察下，在著陸到吸收期間，盆骨可承受的前傾幅度有 15-25 度。連接著盆骨的腰椎正常會有向前彎的 C 型生理弧度，一般我們會看女跑者會否有過大的 C 型彎曲。

　　其實不論男女，中老年的跑者隨著年紀漸長會出現關節肌肉退化、硬化，因而導致弧度過小（太直）。不論是過小或這過大的弧度，都有可能產生腰痛問題。

　　跑者們可以試試將腰骨挺直，把肚臍突出來，這個狀態我們稱為前傾。然後，再試試上身不動，把前傾的肚臍縮回去，我們就可以感受到盆骨的旋轉，它會向前旋，然後再向後旋。當縮肚後傾時，臀部會用力，腹部也會縮緊；當挺出來的時候，下腰背部會用力收緊。

2·3 初始觸地期（著陸）

初始觸地期（著陸）

關節	冠狀面	矢狀面	橫斷面
盆骨	不適用	15°-20° 前傾	
髖	10° 內收	30°	5°-10° 內旋
膝	0°	15°	10° 外旋
踝	不適用	0°-5° 背屈	
後跟內塌（-）外翻（+）	10°-15° 外翻	不適用	
重心 足觸地距離	不適用		

　　初始觸地期就是腳剛落地的一刻，在著陸的初始觸地期，與病態跑姿比較有關聯的是矢狀面。

　　從矢狀面看，初始觸地期盆骨的前傾幅度約 15-20 度，髖關節微屈 30 度，膝關節 15 度，踝關節就有 0 度或 5 度的背屈。

　　很多跑者都認為，剛剛著陸的那一刻，膝關節是 0 度伸直。而當跑者越跑越快的時候，更加容易出現膝關節完全伸直的狀態。因為大家普遍認為，伸得越直、跨得越大步，就可以跑得越快，以為這是增加速度的唯一辦法，這絕對是錯誤的想法！

地心吸力的反作用力。

當我們落地時，地心吸力的反作用力（Ground Reaction Force）會完全向後，若關節完全伸直，所有反作用力就會正面衝擊到膝關節裏面，形成「煞車效應」，**把本身向前的動力抵銷掉，減慢速度之餘也浪費了能量。除此以外，反作用力的衝擊也會對膝關節造成不必要的壓力，增加損耗機會。**

女性跑手在這著陸姿態方面的問題會比較嚴重，因為很多女士的膝關節都有「超伸」問題。所謂超伸，意即她們的膝關節不只是 0 度，更是負數，超出了正常的伸直度數。如果以膝關節超伸的狀態著地，會把之前提到的問題加劇，形成更多的勞損痛症。

超伸的狀態

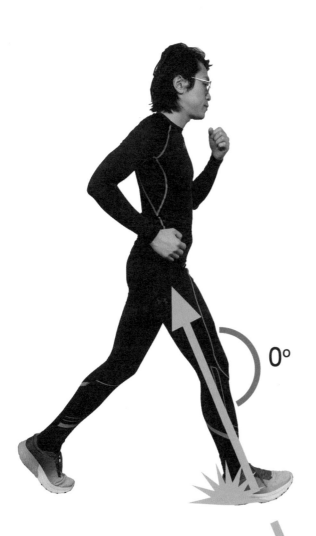

0°

完全伸直、0 度的膝關節。

正確的著陸姿態

　　我們跑步時會將膝關節微屈，最佳的度數是 15，能夠幫助吸收震盪。

　　有些跑者現階段未有發現過度伸直所帶來的問題，這是因為他們只是進行純粹的慢跑，或跑步持續的時間較短。跑步和走路最大的分別，在於進行動作時是否有彈性。人體在跑步時會利用彈性和慣性，如果跑速太慢，甚至慢到回復了走路姿勢，則不會出現彈性。

　　如果跑步著陸時，膝關節維持微曲 15 度，也有助於促進彈性的出現。

正常腿、X 型腿與 O 型腿

在冠狀面的觀察下，人體的膝關節也是呈輕微的 X 狀態。在初始觸地期，膝關節就呈現 10 度的內收。

過多的 X 造成 X 型腿，或是過小而導致 O 型膝關節，都會形成病態跑姿。

正常　　　　　　X型腿　　　　　　O型腿

2·4 負重反應期（吸收）

負重反應期（吸收）

關節	冠狀面	矢狀面	橫斷面
盆骨	不適用	15°-20° 前傾	
髖	15° 內收	30°	0° 內旋
膝	3-5 內彎	40°	0° 外旋
踝	不適用	20° 背屈	
後跟內塌（-） 外翻（+）	-3° ─ -8° 內塌	不適用	
重心 足觸地距離	不適用	0cm	

負重反應期（吸收期），是在當身體的重心（Center of Gravity）落在下肢，透過腳掌承重時的反應。

人的大腿四頭肌和小腿腓腸肌等，在著陸前原本是離心肌肉收縮的狀態，經過負重反應期，會轉變成向心肌肉收縮，預備下一個推進期向前。

吸收期間負責離心收縮的肌肉包括：臀大肌、臀中肌、四頭肌、腓腸肌和脛後肌，因此，如以上的肌肉有出現痛症或不適，而又是關於離心肌肉收縮的話（尤其是肌腱炎），就應該針對這些肌肉進行特別康復訓練與強化。

吸收期講究髖膝踝動態平衡

　　從矢狀面觀察，我們會看到負重反應下的髖關節屈曲 30 度、膝關節 40 度、踝關節 20 度。這三個關節的角度形成了「黃金度數」——30-40-20，也就是上一章提及的髖膝踝動態平衡（Hip-Knee-Ankle Dynamic）。由上而下，不偏不倚的 30-40-20 度數，不過多也不過小，能夠有效地轉化能量。

　　盆骨前傾後傾的角度，從著陸到吸收沒有大變化，盆骨的位置都沒有大的擺動，基本上是差不多的。其重要性就在於保持盆骨核心的穩定性，提供上肢手部擺動的牢固支撐點。

　　在髖膝踝三個關節當中，膝關節的角度變化就最大了，膝關節的屈曲由初始觸地期的 15 度變成 40 度。當度數越來越大，我們會在當中吸收能量，去到下一個推進期，膝關節又會伸展出去，度數再次變小。膝關節的屈曲度數隨著我們的活動不停在小與大之間轉換——這就是跑步動態。

30°

20°

40°

而在冠狀面的觀察下，髖膝兩個關節也能看出少許改變，髖關節會有一點內收，膝關節有一點內彎，踝關節就與之無關。正常來說，每個人都會有這樣的內收狀態，當我們著陸時腿是直的，去到吸收期無論是髖關節還是膝關節都會有輕微的屈曲（但不會太多，要不然就會出現問題）。在冠狀面的視角下，髖膝踝動態平衡在於保持一條直線的狀態。

15°

髖關節的力學與病理特性

　　髖關節方面，我們要與第一章講述的臀部三兄弟一起討論。

　　美國物理治療師及生物力學家學家 Christopher Powers 由 2000 年開始研究，到現在已經有多份研究證明了髖膝踝動態失衡製造了很多下肢的痛症。包括髕股關節綜合症和應力性骨折。

　　他建議軀幹前傾的角度也要合適，接近 15 度前傾的好處是可以使用比較多臀部肌肉，這樣的話就可以分擔膝蓋的壓力。

　　特別一提的是後冠狀面和臀中肌、臀小肌的一些觀察，就是俗稱的盆骨左右高低失衡，如果在負重反應期見到盆骨左右不對稱，可能是一邊比另外一邊多，或者兩邊同時傾側過多，就會形成第四章所提到的病態跑姿之一「側盆骨」，也是屬於常見的病態跑姿和導致膝關節痛的因素之一。

2·5 準擺動期（推進）

準擺動期（推進）

關節	冠狀面	矢狀面	橫斷面
盆骨	不適用	20°-25° 前傾	
髖	0°-5° 外展	15°	5°-10° 外旋
膝	5° 外翻	10°	5°-10° 外旋
踝	不適用	15° 下屈	
後跟內塌（-）外翻（+）	10°-15° 外翻	不適用	

準擺動期就是準備推進、腳離開地面的那一刻。

在矢狀面的觀察下，盆骨正常有 20 至 25 度前傾。關節比較鬆的跑手會呈現前傾過大的情況（超過 30 度）。若盆骨過度前傾，腰椎關節位置的壓力便會增加，有機會造成跑步時腰骨痛的情況。

若盆骨前傾超過 30 度，
會增加腰椎的壓力。

30°

習慣蹬腿長跑，小腿肌肉可不好受！

　　除了盆骨前傾角度，第二個需要留意的重點，是準擺動期的腳踝關節要有大約 15 度的下屈。一旦發現自己的腳踝關節超過了這個度數，而跑者又經常有足底、足踝、腳跟痛的話，便有機會是源於過份使用小腿肌肉的力，形成教練們常常嘮嘮叨叨敦促學生們不可以做的「蹬腿」。

　　初學跑的跑者對這個概念很難明白——明明是跑步，但又不可刻意用小腿蹬，初學者可能會感到很矛盾。

　　雖然小腿是很發達的肌肉群，但裏面主要的兩條肌肉——腓腸肌和比目魚肌，如果只使用它們去應付超過 10 公里，甚至 42 公里的馬拉松，會對其造成很大負擔。前者是爆發型肌肉，很快就會感到疲累，若只用蹬腿的模式跑完整個馬拉松，當腓腸肌疲累了，剩下的路程就會由耐力型的比目魚肌一力承擔。把馬拉松的所有重任全部交給一條比目魚肌，這可不是那麼容易呢！

2·6 擺動期

　　擺動期，就是腳離開地面後的騰空期。

　　這個部分的肌肉動作主要都是被動產生的，盆骨的前傾就是在整個動作上最大的變化，但注意不可以超過20度。在擺動期，髖和膝關節都具有最大的屈曲角度。

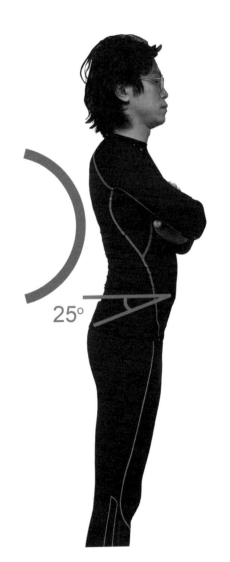

25°

15°-17°

◎ 擺動期的軀幹前傾 ◎

在歐美的跑步醫學發展中，有幾個軀幹前傾的定義。

第一個是由頭到腳的，發生在吸收期到準擺動期之間。跑者身體應前傾15-17度。

15°

第二個是由頭到盆骨的，發生在整個跑步步態週期中。跑者身體應前傾約 15 度。

69

CHAPTER 3

跑步相關的痛症
成因與生物力學

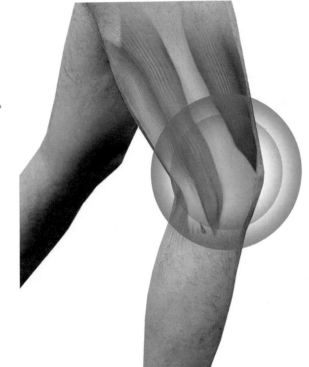

跑步最常見的是膝關節和腳跟痛。

作為一位跑步分析師，我們必須正確了解源於跑步的一些傷患，亦要理解它們是怎樣發生的（即是所謂的運動病理學）。我們作為幫助跑者的團隊成員，有時也需要與一些醫療專業人員例如物理治療師或醫生溝通。知道了某一類關節痛症的表徵、筋膜肌腱的特質，我們便不至於當出現疼痛的時候，就只懂得吩咐跑者「休息」了事。

當然，更重要的是，我們需要與跑者溝通。跑者們最多提出的問題是，為什麼會出現腳跟痛、膝關節問題？為什麼休息了好幾個星期，一開始訓練，痛症又再出現？

3·1 痛症不斷出現，可能是訓練錯了方向

　　筆者將跑步訓練應有的第次和原則，劃分成了一個運動金字塔。金字塔的最底層為動作、姿勢；中間是耐力表現，包括重訓、心肺功能、核心訓練；最頂層則是技術。

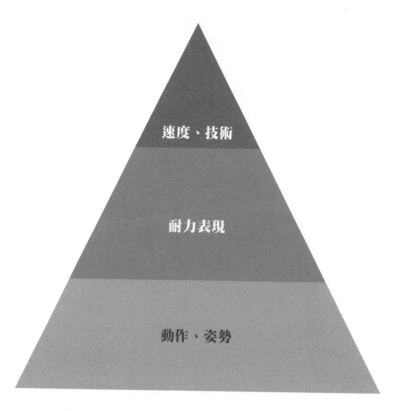

速度、技術

耐力表現

動作、姿勢

　　大眾通常認為跑步只是尋找如何跑得比較快，或如何跑出更長的距離，其實這些都是屬於技術部分，大多數人只著重技術層面，而忽略了最重要的部分，就是動作需要正確。**動作不正確，痛症就會很容易出現。一有痛症就要休息，但休息太久又會減慢了自身運動計畫的進程。**因此，重中之重在於最底層的「動作、姿勢」等基本部分。

　　所謂的動作、姿勢正確，包括：

①　柔韌度——即是關節的幅度（無論主動或被動）；

②　穩定性——即跑步時的下肢平衡力、保持髖膝踝力量的運動控制力；

③　軀幹重心傾斜、站立和跑步時的姿勢穩定度。

　　動作做正確了，就可以開始慢慢提升耐力，例如增加心肺功能和肌耐力等，最後才研究跑步應如何在轉彎時保持重心、上下山等技術層面的部分。

　　我們要切記，跑步時的動作、姿勢、柔韌度，甚至是肌肉本身的穩定性，這些才是最基本也是最重要的。

◎ 產生痛症的成因 ◎

　　在運動醫學上，一個人受傷或產生痛楚的成因可以分為三部分：外因、自身內患和訓練量。

外因，指的是與跑步相關的外在因素，與跑者穿著的跑鞋、壓力襪、跑步當天的濕度、風向、是否烈陽等等有關。

自身內患就是除了心理質素之外，在前兩章提及過的跑步問題，例如跑者本身的肌肉柔韌度如何、核心肌肉力穩定性、是否肌肉緊張、乏力、或者是否有一個或多個病態跑姿等。

訓練量，就是訓練的距離和時間。突如其來或沒有經過規劃的跑步距離，或是跑步時間的增加，都有機會令跑者產生不適。

另外值得一提的是，不同的訓練方式也會為關節製造各種壓力。有一種增加跑步速度的訓練方式叫做 Interval Training——衝圈。因應不同教練的訓練規劃，衝圈的形式各有不同，主要原則是在特定的訓練日子中，短途地以高速衝刺幾百米，然後再慢跑一段時間，再重複這樣的循環做若干次。

最常見的傷患情況，發生在其中一次的訓練中衝圈次數太多，或者為了達成「Sub 3:30」、「Sub 3」等等的馬拉松成績，導致訓練量過多。訓練量過多的話，身體就會藉痛症勞損等不適將過勞症狀顯示出來。

只是休息或不能解決痛症，如果跑者在休息一段時間後，恢復跑步時又再受傷，這肯定不只是和訓練量有關，跑者需要審視一下自己的傷患整體原因，例如是否穿著不適合的跑鞋，或者看看自己是否有病態跑姿。

自身內患的四大圈塊

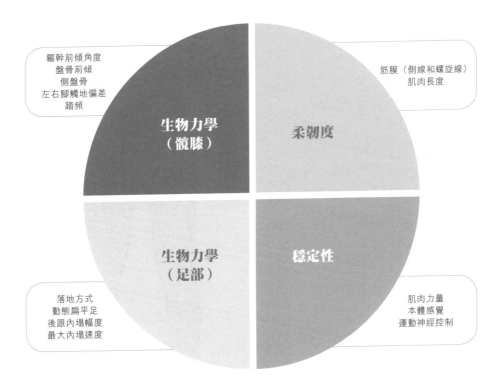

軀幹前傾角度
盤骨前傾
側盤骨
左右腳觸地偏差
踏頻

生物力學
（髖膝）

柔韌度

筋膜（側線和螺旋線）
肌肉長度

生物力學
（足部）

穩定性

落地方式
動態扁平足
後跟內塌幅度
最大內塌速度

肌肉力量
本體感覺
運動神經控制

後表線（正面）

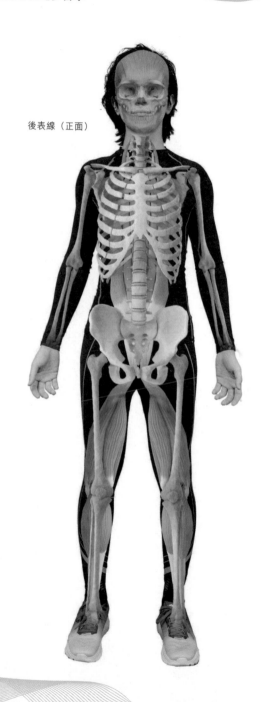

　　提起柔韌度，我們可能都會想到自己彎腰時雙手能下放到哪個位置、坐地前伸能去到多少厘米等等。其實筋膜層是一個整體，不是單獨看膕繩肌或腓腸肌。舉後表線這一條連續線路為例，它由眼眉對上直至連接頸背，再到後大腿，再到小腿，最後到腳跟，是環環相扣的一個整體。所以當我們拉筋時不應該只拉一組肌肉，而是要整體去拉，提升整體的柔韌度。

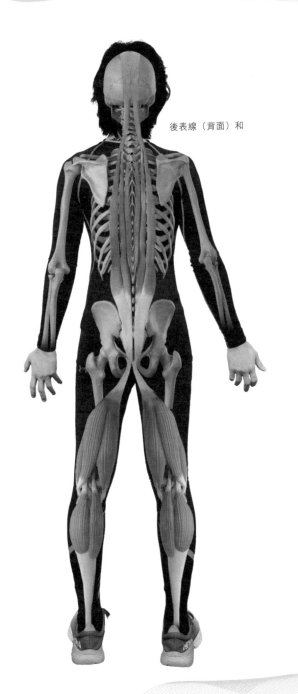

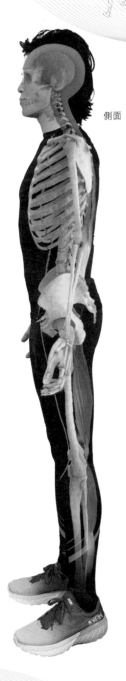

後表線（背面）和 側面

穩定性，就是肌肉力量、本體感覺和運動神經控制。

生物力學的部分，筆者將「髖膝」和「足部」分開。足部其實是自成一個板塊的，我們落地的方式，用腳踭、腳掌，還是腳尖、有沒有扁平足、後踭的內塌幅度、最大內塌速度，這些都是需要個別照顧的部分。

髖膝部分可以一起說明，例如軀幹前傾和盆骨的角度是多少，還有我們有提及過的側盤骨、左右腳落地的偏差，會否一邊多一邊少、踏頻是多少……這些都是生物力學佔一半的部分。

因此要分析跑步所造成的傷患，我們至少要對這四個板塊內的部分有基礎的認知，從而思考形成傷患的原因。

3·2 落地的生物力學

自身內患中，我們有必要仔細說明
一下足部的生物力學。

究竟跑步時應該使用腳踭、全
掌，還是腳尖落地？

美國哈佛大學的人類進化生物學家
Daniel Lieberman，他提出當我們使用腳
跟落地的時候，會出現「煞車效應」。

究竟什麼是煞車效應？就是當你用
力的時候，根據力學的原則，腳踭落
地，或者任何東西推力向地下時，就
會出現反作用力回彈向後的效果。

煞車效應：跑步的步幅太大或者腳跟
落地會形成反作用力，減低跑步效率
的同時製造傷患。

79

　　我們看上圖可以一目了然，如果跑步時用腳踭落地，就會有兩下衝擊力。第一下力量來自腳踭碰地那一刻所產生的反作用力，是一種向後靠的衝擊力。然後再把腳向前推進的時候，便出現第二道力。如果使用全掌或前掌落地，就只會有一下的衝擊力。

　　既然跑步本身是一個不斷向前的動作，任何影響往前衝的力量都是費力和不需要的。因此「煞車效應」一來浪費力量，二來又打破自身跑步的節奏，三來容易受傷。從這些科學化的數據上，便可以理解腳踭落地是如何的不適合。所以在長跑的應用上，運用全掌和前掌跑步是我們比較推崇的方法。

　　另外，在後冠狀面上，我們可以看到腳部下塌的幅度是多少，我們也可以在後冠狀面留意到有否出現上一章節提及過的動態扁平足。

◎ 落地時的力向傳遞 ◎

　　美國著名物理治療師兼學者 Christopher Powers 教授在 2010 年做了一個研究，顯示了如果落地時偏向以外側發力，這樣向上的力便會傳到膝頭內側；而如果落地的力偏向內側的話（足部後跟下塌），反作用力向上便會偏向外側。

　　從以上生物力學的邏輯，你應該選擇將力量傳到你的膝頭內、外側，還是正中間？答案當然就是正中間了。

O 型腳的狀態下，跑步時的反作用力會 傳遞到足外側上小腿和膝關節外側。

X 型腳的狀態下，跑步時的反作用力會傳遞到足內側上小腿和膝關節內側。

人體的骨和肌肉主要負責為你吸收能量，之後再去推進。因此在最佳狀態下，理想的力量傳輸途徑就是從中掌到你的脛骨中間，再上到你的大腿、臀部的位置。任何的偏差，無論是太過裏面，或是太過外面，都會製造出一些微小的震動，即是一些微小創傷或壓力，如果壓力長期積聚在同一點上，就能夠解釋到為何不斷做運動會出現勞損，更甚者有機會產生一些應力性骨折。

理想狀態下，反作用力全部在足部中央傳遞上下肢中間。

CHAPTER 4

9個病態跑姿

世界上頂尖的運動科學實驗室，都配備紅外線錄像系統來觀察跑者的狀態。吹毛求疵的微細琢磨，就是科學的精神。

在這一章，我們會介紹如何用簡單錄影工具或者智能電話來觀察跑姿。只需要一台跑步機，一部智能電話，有足夠的空間攝錄前、側、後方，我們就可以作簡單分析。

在運動場做分析其實比較困難，因為跑者會經常擺動身體，拍攝的位置也很難調校，反而在室內空間環境使用跑步機拍攝會比較穩定。大部分情況下，在診所環境拍出來的姿勢與實際在運動場上跑步的姿勢，都沒有太大分別。換句話説，在診所跑步機上呈現的跑姿，在運動場上也會一樣。

要做一個好的分析，跑者最好穿背心、超短褲，然後把衣服拉高一點至露出肚臍，以便清晰地攝影跑姿。

🏉 分析跑姿的基本步驟 🏉

要分析跑姿，第一會先看步頻。如果沒有專業儀器的話，可以嘗試在手機應用程式上，下載免費的拍子機，再與跑步時落地的頻率比較。以一分鐘計，我們一般跑步最慢是 160 下左右，慢跑跑者的步頻如果少於 160 的話，是不太理想的，在步頻上必須作出改進，要不然之後會出現很多問題，最基本就是彈性不足。

標準的步頻介乎 166 與 180 之間，為何會有這個標準呢？有研究説明，在

用氧用氣的效能上，即是吸入的氧氣是否能在身上消耗同等的能量，過慢或過快都不適宜。

分析跑姿的第二步，是看跑者的落地點，看他是用腳睜、全掌、或是腳尖落地，再套用到其病態跑姿上，來界定情況是輕度、中度或是嚴重。

另外，我們也要留意跑者的跑齡，以及曾否有受傷病歷，例如肩、肘、腕、髖、膝、踝等，如果脊椎有受傷，都需要記錄下來。

4·1 貓步

成 因

可能是大腿內收肌太緊張，加上臀部外展肌肉力量不足而導致。

　　貓步是病態跑姿中最容易說明的——在冠狀面進行觀察，會發現跑者兩隻腳落地時在同一直線上，姿態就像貓咪在一根很幼細的平衡木上走路一樣。

　　貓步有嚴重和輕度之分，當懷疑跑者有貓步跑姿時，可以先留意一下他是左腳有貓步、右腳有貓步，還是雙腳都有貓步。一般來說都是雙腳同時有貓步，但有些跑者的情況比較特別，要很仔細才能看出一隻腳貓步的情況比另一隻腳嚴重。

　　以貓步為例，如果真的是雙腳疊在同一條直線上就代表嚴重；如果是半隻腳在同一條線上，就是中度嚴重；少過四分一的，或部分步態有貓步，而部分又沒有的話，就是輕度。

4·2 側盆骨

大多是由於足部曾經受傷，導致臀中肌和臀小肌力量控制減少，單側軀幹穩定性受限。

　　側盆骨也是清晰可見的，從後冠狀面觀察，側盆骨的特點就是當左腳踏地的時候，盆骨會往右邊傾斜，反之亦然。

　　當我們分析的時候，要分清楚是不是左右兩邊都有這個情況，不論是兩邊都有，或者其中一邊比另一邊多，都是有問題的。

　　做跑步分析時，最好選擇穿比較緊身的短褲，這樣我們只需要看褲頭有沒有搖擺得過多便可以判斷了。

4·3 膝撞膝

成 因

1　天生的 X 型腳
2　膝關節內彎
　　（女士有這個問題的機會比較高）
3　髖膝踝動態失衡
4　臀大肌和中肌肌力不足

　　關於膝撞膝，我們要看的是前冠狀面，當兩隻腳都在支撐期的時候，和擺動期時一隻腳作支撐，另一隻腳作擺動時，會否形成相撞呢？形態上就是膝蓋兩邊磨擦，形成一個 X 型。

　　至於程度上來說，膝撞膝比較簡單，只分有或者沒有，沒有嚴重程度之分。

4·4 羚羊步（彈跳過剩）

<table>
<tr><th colspan="2" style="text-align:center">成　因</th></tr>
<tr><td>姿勢控制：</td><td>往前的動力不足以抵抗往上的動力，在跑步的時候沒有注意將重心壓低。</td></tr>
<tr><td>肌肉控制：</td><td>股直肌、腓腸肌、膕繩肌這些「雙重關節」的肌肉，其中一組力量不夠，或者傳輸力量失衡。</td></tr>
<tr><td>外在因素：</td><td>穿了太厚的跑鞋，使關節感知減少。</td></tr>
</table>

彈跳過剩也被稱作「羚羊步」，即是跳的時候彈得很高。

　　觀察羚羊步的時候，我們會從矢狀面上看，如垂直震幅超過 10cm，就屬於羚羊步。一個人彈得高可以分為兩個部分：向上彈的時候可以是因為彈得高，或者落地那刻，跌得深，就會導致重心上下移動的幅度太多。

4·5 八字腳

成 因

1 「拗柴」
2 臀部肌肉外旋和內旋失衡

八字腳需要從後冠狀面去看，雖然前面也能看到，但從後面就能看到腳部有否擺動出來，形成八字腳。

八字腳可以分為單腳八字腳，或者雙腳皆有八字腳，而大部分的個案都是外八字腳的，很少是內八字腳。

八字腳其中一個很大的成因是扭到腳（俗稱「拗柴」），如果一個跑者有扭傷過或有「拗過柴」，甚至經常出現這個情況的話，他會有更大的機會有外八字腳，同時亦會影響上方的臀部甚至膝蓋。除了創傷史之外，還可能是因為臀部肌肉外旋和內旋失衡。外旋肌肉比內旋肌肉強，就會產生外八字腳，反之則形成內八字腳。

4·6 跨步過大

成　因

1. 為追求跑步速度而將步幅跨大
2. 初學跑步者常犯的慣性跑姿

　　從矢狀面觀察，我們可以看跑者落地那一刻，腳踭是否和跑者的重心超前距離太多，這裏説的重心即肚臍往下一寸，然後往入一寸的地方。最理想的落地位置就是在初始觸地的一刻，足部的落地點與人體重心成一條垂直線。

　　跨步的形態有好幾個，第一就是在初始觸地的那一刻，膝關節是否過直，少於 15 度（甚至是 0 度）的話就是過直。由於反作用力的關係，膝關節會承受了大量衝擊力，導致不必要的勞損。如果跑者本身有「膝關節超伸」的話，就更加需要留意，預防受傷。

　　第二就是初始觸地時，跑者用腳踭落地，這個跟第一點的膝關節過直可以一起出現，也可以獨立出現。腳踭落地的方式我們在第三章討論過，在此不重複。

　　這個病態跑姿，幾乎是最常見的跑姿問題，跑者必須注意。

4·7 盆骨前傾

成 因

1. 腹部肌肉力量薄弱或後背肌肉太緊張
2. 觸地後期蹬腿太多，導致腰椎過彎

盆骨前傾就是在準擺動期，即是準備將後腳提高時的那一刻——因為這一刻是我們盆骨前傾的最大幅度——超過 25 度。

在矢狀面下觀察，如果跑者平日站立時腰椎呈現很大的前傾彎度，平時又有腰痛的問題，便需要看他跑步時有沒有這個病態跑姿。

如果只是短跑，每次跑步距離少於一公里，時間也不太長的話，即使前傾也不會有大問題。一般來說，長跑跑者的盆骨前傾度數都很小。在慣性姿勢驅使下，人通常呈現兩種狀態：一是「挺直形態」（Extension Pattern），二是「前彎形態」（Flexion Pattern）。由於肌肉張力和用力習慣推動，「挺直形態」的人會像軍人一樣，站得筆直，但缺乏流動性，因此跑步的時候像操兵一樣，一直維持在很不自在、很硬的跑姿，身體伸得很直，膝蓋沒有屈曲，然後步距又很小。「前彎形態」則是相反的，肌肉張力低，跑步輕柔，下肢分開得太多。

筆者遇見過「挺直形態」再加上盆骨過度前傾的跑者，身體沒有彈性，力量不能被軟組織吸收，有機會令骨頭吸收全部的震盪壓力，再加上生物力學的錯誤，骨頭吸收壓力的地方集中在一個點上，可能會導致小腿或者腳趾應力性骨折。

這樣的跑姿使人很快就體力透支，如果再加上步頻少於 166 的話，跑者用氧的效能非常低，容易出現面紅，可能每次跑一至兩公里就要休息一次。

因此要解決盆骨前傾，就要改善腰椎的用力習慣，還有改變整體柔韌度和關節的流動性。

4·8 關節硬緊

成　因

1. 身體整體柔韌度偏低，肌肉張力過高
2. 經常穿厚底跑鞋，過份依賴外在彈性，喪失了自身關節彈性

關節硬緊是指從矢狀面看去，跑者的垂直震幅小於 5cm，而且髖膝踝幅度小。

前文提及的「挺直形態」（Extension Pattern）就是這個問題的前因。這是一個整體的狀況，當跑者的關節繃緊，身體重心的擺動便會變小。如果髖關節擺動小，膝關節屈的幅度又會很小。

除了關節柔韌度和核心肌肉改善之外，針對跨關節的肌肉，如膕繩肌和四頭肌的訓練也是必須的，如綜合的前庭系統訓練、平衡力、爆發力和彈跳力訓練。

4·9 動態扁平足

扁平足三字大家應該耳熟能詳，靜態的扁平足就是純粹站立時是否已經無法呈現足弓。

如果是正常的足弓，當我們把腳掌沾了水之後，放在印水紙上印，腳印中間部分應該有約三分之一是乾的。如果腳印範圍太大，足弓部分佔據太多，使留白空間少過三分一，腳掌內側塌了下來，這樣就叫扁平足。

另外，足弓的高度也是一個需要留意的地方，跑步分析師會用專業的量腳器，量度足弓是否真的有高低問題。

至於動態扁平足，是指跑步的時候。這時候整個人的重量落到單腿的關節上，關節承受的重量會比平常增加至 2.5 倍以上，甚至超過自身體重。假設有一個 60kg 的人，他跑步時便會有超過 120kg 的力全部落在單腳的關節內，足部承受的力量當然會使足弓下塌更多。

　　因此在檢查動態扁平足前，我們首先要看看他有沒有靜態扁平足，如果有的話，便需更加留意。另外也要留意用了一段時間的跑鞋，看看後段的磨損是不是出現在內側位置。

　　如果我們用紅外線分析，看到出現 0 度或者負數的話，就肯定是動態扁平足。在簡單錄像下，我們可以從後冠狀面觀察，首先讓跑者穿著跑鞋，觀察腳掌內側的肌肉有沒有下塌，突出鞋邊。然後把錄像調到慢速拍攝，讓跑者光著腳掌，看看他跑步的時候，腳掌內側肌肉下塌的狀況是否明顯。

　　有些人每日跑 20km，這樣的人肌肉耐力一般都不差。如果我們要替他們作分析，最好是在他跑完 42km 之後才為他進行測試，屆時才能使跑者的錯誤跑姿原形畢露。

CHAPTER 5

跑步十式

　　若發現了自己有病態跑姿，甚至已經出現痛症，我們應該如何解決？

　　筆者結合了臨床經驗和科研成果，設計了一些練習，和準備了一些有效紓緩痛症和改善跑姿的方法，給大家在熱身的時候做。

　　我們每跑一步，其實都使用了很多肌肉的力量。如果能練好個別肌肉，那我們跑步的力量會大很多，向前的衝力也會大很多，向下著陸時的力，也可以更輕盈地回彈出去。

　　這套練習的每個動作要維持 30 秒（或 5 個深呼吸），一次最少做 3 組。如果本身有肌肉緊繃的問題或者痛症，則每次起碼要做 5 組，然後早、午、晚各做一次。

　　一般來說，如果本身的肌肉是嚴重繃緊的話，堅持拉筋兩個星期後都可以有 3 至 5 成的改善。但我們不能只靠拉筋，肌肉需要柔韌度與力度兼具，當肌肉全都鬆弛，就不會有用，反而需要再度強化肌肉。

　　以下這些都是很好的肌肉訓練，希望大家都能勤加練習。如果你想觸感更好的話，可以選擇穿五趾襪和五趾鞋去做這些訓練，練習一下腳掌的小肌肉力。

　　跑步十式分為三部曲：分別是大小全鬆、健足滑脊、開髖推臀。

大小全鬆

* 美魚靠岸（ITB 伸展）
* 愚公移山（小腿伸展）
* 左右開弓（內收肌伸展）

健足滑脊

* 跪足拜日
* 虎爪熊掌
* 壁虎靠牆

開髖推臀

* 龍舟競渡
* 黃狗射尿
* 鶴立雞群（橡筋帶）
* 不蹬不跨

5·1 美魚靠岸

適用的病態跑姿：膝撞膝、外八字腳
適用的痛症：髖股關節綜合症、髂脛束症候群

動作講解

　　要完成這個動作，我們需要利用一道牆，這個動作是針對髂脛束和闊筋膜張肌的。這組動作直腳和曲腳之分，直腳和曲腳的版本都需要做，再去感覺兩者的分別，留意腳部並不需要太用力，只需要放鬆然後拉扯就可以了，因為重點是需要將你的盆骨拉過去。

　　這個動作其實不只是處理髂脛束，也同時拉腰椎四方肌，這是因為跑步其實是一個旋轉的動態，如果能將上下筋膜線連結的部分一併拉開，就可以得到更深層次的放鬆。

　　先伸展右邊的側身至髂脛束。如果想專注拉右邊位置，可以把右腳放在後邊，保持伸直，右手撐在牆上，左手推動盆骨向著牆邊推。

　　當做這個動作的時候，我們需要做深呼吸，維持 5 下深呼吸為之完成一次髂脛束的伸展。完成後，我們會感覺到大腿外側偏上部分會先有感覺，然後是

右側腹、右邊腰的位置，甚至右邊臀大肌的位置都會有感覺。

髂脛束很長，所以我們會分開兩個動作去拉，也就是美魚靠岸的變化式。

我們以剛才的位置為基礎去做腳部拉扯，然後把右邊的膝頭輕輕向下屈曲，藉前面的力去拉，然後再做同樣的動作。這次拉的感覺會有一點不同，是會在偏下邊髖關節的部分有拉扯的感覺，再去到髂脛束的位置有拉扯感覺，下延至右邊的膝蓋和大腿的位置亦出現拉扯感覺，就可以整體地拉到右邊的側線。

當做完右邊的時候，可根據相同的動作再做左邊身。

5·2 愚公移山

適用的病態跑姿：動態扁平足
適用的痛症：足底筋膜炎、脛後肌筋腱炎、內
　　　　　　側脛骨壓力症候群、足跟挫傷

🏉 動作講解 🏉

這個動作有三個變化式。第一個動作需先雙手靠牆、前後腳站呈箭步。假設我們現在想拉右邊，右邊腳部就要放後面，腳趾尖向前，然後將重心慢慢推向前，這時候會感覺到小腿的整體部分，特別是腓腸肌和比目魚肌會有拉扯的感覺。

第二個變化式以剛才的姿勢為基礎，然後就微微屈曲膝蓋，這次就會在小腿偏下，亦即阿基里斯筋腱會有拉扯的感覺。

第三個變化式以第二個動作為基礎，再加上膝蓋內旋，屈下膝蓋，但腳尖盡量不動，然後把身體轉向左邊，這次會感覺到偏內側，亦即脛後肌的部分在拉扯。

每一個動作，我們都要維持 5 個深呼吸，集中在一個深呼吸的感覺上，其實就已很不一樣。

5·3 左右開弓

適用的病態跑姿：膝撞膝、貓步、關節硬緊
適用的痛症：內側脛骨壓力症候群

動作講解

左右開弓的作用主要是伸展內收肌的肌肉和後大腿偏內側的一些肌肉群組。

前文曾提及內收肌三兄弟，要令一個人做到內收的話，我們會有不同的方向去練習。膕繩肌內有半腱肌和半膜肌，當中半腱肌尤其重要，我們需要一併去拉。

這個動作在沒支撐的情況下，是很難做到的。所以我們在做的時候，可倚著牆邊或扶住長枱。我們先將右腳放出去，腳趾指向前面，然後整個人慢慢拉到盡。這個時候，會感覺到內收的長肌有伸展拉扯的感覺，然後維持 5 個深呼吸。

這個動作也有一個變化式，就是把腳趾指向外，然後再繼續拉扯，左右開弓，維持 5 個深呼吸。

我們可以跪下，把腿拉開多一點，接著整個人向下壓，這樣就可以拉扯到短的內收肌了。

5·4 跪足拜日

適用的病態跑姿：盆骨前傾、關節硬緊、動態扁平足

適用的痛症：足底筋膜炎、下腰背痛

動作講解

大家有聽過背闊肌嗎？李小龍就是將它操練到極致的人，他的背闊肌好像有一對翼、懂得飛一樣。

跪足拜日這組動作就是拉背闊肌的。為什麼我們要拉背闊肌？因為它連接整個胸椎背脊，當把它放鬆後，便會有很多身體部分（包括腰椎）都可以得到放鬆。

跪足拜日包含兩個動作。

首先要跪在體操墊上，然後慢慢坐下。坐下時留意腳趾尖要撐著地面，這時候腳板足底筋膜應該會有拉扯的感覺。在這個位置，我們先維持 5 個深呼吸。如果完全沒有感覺到腳掌有拉扯的話，可以先做一個前弓後箭，將一隻腳踏起，然後左手按在腳踭上拉扯著，再用力壓，這樣就可以再多一點拉扯足底筋膜和拇指外展肌。

　　跪足後還需要拜日式，拜日式可以放鬆腰背後面的豎棘肌。我們先把腳部平放在墊上，再做一個向下彎的動作。留意手掌是反向天的，手背貼在墊上，然後慢慢向前推出去。

　　接著，下半部分我們會做一個向前拉伸的動作，5 個深呼吸之後，就可以再向左邊拉。做的時候，盡量把身向前推多一點，維持 5 個深呼吸，再換右邊。

5·5 虎爪熊掌

🏉 動作講解 🏉

虎爪熊掌主要圍繞腳弓和腳趾的強化，動作共分三個部分。

首先我們出力向上提，要留意腳趾必須緊貼地面，腳弓的橋位升起，膝蓋盡量伸直，然後慢慢放鬆，橋位的部分就會下塌，之後再出力向上提。這個動作在用的肌肉群分別有脛前肌、脛後肌和腳板的小肌肉，可以提升腳弓的橋位，然後再慢慢放鬆，之後再上提。

一開始進行練習的時候，我們可以坐著做，再用雙腳站立的姿勢做，最後甚至可以單腳站立去做，達至脛前和脛後肌的全面強化。

腳弓需要慢慢去感覺，因為那裏相對微細。無論是足底筋膜炎、動態或者

靜態扁平足，我們都要先啟動以上提及的肌肉群，因為平時我們並沒有意識到它們的存在。一旦啟動了這些肌肉，腦袋便會產生突觸、出現很多反應，你就可以開始使用該部分。

我們可以先挑戰一下小腳趾，把小腳趾向外伸然後收回，起初你會覺得十分困難，但慢慢你會看到自己能操控它，這就看你本身有多少神經線觸及到這個地方。

5·6 壁虎靠牆

適用的病態跑姿：關節硬緊、盆骨前傾、側
　　　　　　　盆骨
適用的痛症：有肩膊痛、下腰背痛、下交叉
　　　　　　綜合症
備註：左右手擺手不平衡的跑手，也可以透
　　　過這個訓練改善相關情況

動作講解

　　壁虎靠牆主要是用來伸展胸、腰、背的筋膜。

　　首先我們需要倚著牆壁，盡量雙腳貼牆，然後腰背全部位置都貼著牆，直至背部和牆之間沒有空隙。再把盆骨後傾，保持後傾的姿勢，肚臍向後收，留意盆骨向後收的狀態要維持到完成整個動作。接著把兩隻手向上提，一路向上提的時候，我們要保持手肘和全部手的位置都是貼在牆上。

　　當雙手提到最高點時，就會感覺到由肩膀到胸椎、背闊肌、胸腰筋膜和腰椎全部都在拉扯，再維持 5 個深呼吸，一邊做動作，一邊深呼吸，這個動作就完成了。

我們看矢狀面時，會發現盆骨一般都有少許前傾，所以腰椎也有輕微向前傾。這個動作的重點就是上身和膝蓋也要保持不動，只是盆骨有動。

如果發現自己不能完全做到這個動作的話，可以試試屈一屈膝蓋，一縮肚就屈膝，或者一縮肚就向前拗。如果連第一步都無法完成的話，就要先訓練臀部，強化一些肚腹的肌肉，當第一步可以了，第二部分就要處理胸腰背筋膜和胸大肌。如果肩膀不能完全貼牆，那就要個別拉鬆胸大肌、胸小肌等地方，接著拉鬆背闊肌，就可以放鬆背部。

患有下交叉綜合症（Lower Cross Syndrome）的跑者，可以回想一下自己的臀部是否很繃緊，需要放鬆。

5·7 龍舟競渡

適用的病態跑姿：盆骨前傾、跨步過大、關
　　　　　　　　節硬緊
適用的痛症：下腰背痛、髖關節痛

🏉 動作講解 🏉

　　進行這個動作之前，我們需要預備一根及至腰高的棍子。當我們用手把棍子撐在地下時，可以幫助核心肌肉的啟動。沒有棍的話，其實按住一些等腰高東西也可以，例如桌子或椅子，一撐一按，就能使腹部前面的肌肉收縮，將盆骨放在中立的位置上。

　　我們先伸展右邊的髖關節肌肉，將左腳踏前作前弓後箭步，棍子豎直放在腳旁，然後把雙手伸直握棍，身體向下壓。雙手握棍的高度最好是大約等同肩膀的高度，因為那裏是最好的用力位置。當下壓時，我們的盆骨會後傾，肚臍也會向內收，核心肌肉和臀部要用力，這樣可以訓練肚腹的肌肉力。因為伸直雙手按下去的時候，我們就可以借到腹的力量，臀部也會用力。

　　注意，盆骨先到達中立的位置，才慢慢把身體轉向左邊，當開始感覺到左邊臀部放鬆、髖關節前面的一組肌肉群有伸展的感覺時，我們便深呼吸 5 次。

　　如果有盆骨前傾問題的人，這個動作可以幫助放鬆髖關節屈曲肌肉，也就是腰大肌和髂肌。

　　之後我們可以再向右邊的方向拉過去，重複同樣的動作。

　　以時間計算，每次便大約是 30 秒，一共做 3 至 4 組。不過如果我們想令整個人完全放鬆的話，可以嘗試定在那個位置時做 4 至 5 下深呼吸，這樣才可以訓練到深層肌肉。

　　透過這個練習，我們可以訓練軀幹的螺旋線（spiral line）。螺旋線對於跑步來說十分重要，因為我們跑步時，都是左手右腳、右手左腳的一個交叉協調的動作，不斷強化重複，就能達到自然和滑動的效果。

5·8 黃狗射尿

適用的病態跑姿：側盆骨、貓步、膝撞膝
適用的痛症：髖股關節綜合症、髂脛束症候群、內側脛骨壓力症候群

🏈 動作講解 🏈

黃狗射尿這個動作主要的作用是啟動臀部的肌肉。

首先我們雙手按在地上，雙腳跪在墊上，形成四點跪。肩關節和髖關節需要垂直向地，與身軀呈 90 度，然後把右腳提上來去到最盡處。當做這個動作的時候，我們要留意不要把身體轉向右邊，也不要讓手肘有任何的屈曲，讓發力的感覺集中在臀部的肌肉上。我們可以維持這個姿勢上，停留 5 個深呼吸，這個動作就算完成了。

一般初次練習，很快就會感覺到臀部的疲累感。跑者會感到很驚訝，因為就算是資深跑者或者全馬的跑手，在做到第 15-20 秒時也會開始疲累甚至抽筋。原因在於他們以往發力時都沒有運用到這個寶貴的臀部大肌肉，因此很多跑手在啟動好這個肌肉之後，都會感到明顯的跑步動態分別，甚至跑得更輕鬆、更快。

5·9 鶴立雞群

適用的病態跑姿：跨步過大、動態扁平足、羚羊步、關節硬緊

適用的痛症：髖股關節綜合症、足底筋膜炎、脛後肌筋腱炎、內側脛骨壓力症候群、足跟挫傷

動作講解

我們需要一條橡筋帶來配合這個動作。

前文我們一直強調 30-40-20 度的重要原則。當我們跑步時，到了支撐期的中段，都希望可以做到這個黃金度數。這個練習的目的，就是為了增強我們大腦對這個姿勢度數的認知。

我們在靠牆後把左腳放在右腳的膝蓋上，然後慢慢蹲下，當去到 30-40-20 的位置，就踏住橡筋帶，再用橡筋帶綁住足部。這個時候，我們將腳板用力向上提，接著慢慢放下，再重複向上提和放下。

　　做這組動作的時候，應該會感覺到足部不斷震動。因為很多跑者的足部小肌肉都缺乏力量，在啟動這組肌肉後，跑步姿勢的穩定性就會提升，基底更加穩固。

　　跟之前的一樣，做的時候維持 5 個深呼吸，然後就可以還原了。

5·10 不蹬不跨

適用的病態跑姿：跨步過大、盆骨前傾、羚羊步

適用的痛症：髖股關節綜合症、足底筋膜炎

動作講解

　　這個動作我們需要面向牆壁，與牆大約有 3 尺半至 4 尺的距離，然後收起腹部，盆骨微微後傾，形成盆骨中立，腰背要成一條直線，然後向前跌墮。

　　當感受到自己準備要跌下去時，就可以雙手靠住牆，盆骨後傾，收起肚腹，然後慢慢向前傾斜。這裏也有需要留意的地方，就是跌墮去到最後那刻，我們要把單腳提起，這樣可以把髖關節的意識向上提。

　　多練習這個動作，可以令腦內的運動神經有好的連繫，建議可以在跑步前做熱身時，做這個動作 1 分鐘，做完右腳再做左腳，然後才去做跑步的訓練。

CHAPTER 6

常見跑步痛症及自療法

6·1 常見跑步痛症

膕繩肌拉傷 / 肌鍵炎 / 肌腱病變

在眾多的跑步痛症中，後大腿膕繩肌拉傷算是其中一個佼佼者。

上文也有提及過膕繩肌拉傷，疼痛的位置會在大腿後上方內側或近坐骨處。什麼病態跑姿會產生這個病徵？首要原因一定是**跨步過大**。

膕繩肌有分為內側和外側，如果是膕繩肌拉傷的話，可能是內側的半腱肌或半膜肌，或者外側的大腿的二頭肌的位置。向前跨步太多，但是膕繩肌的柔韌度不足，就會不斷產生牽扯力，引起積累性的撕裂；若該肌肉的力量不足、髖膝踝動態平衡錯誤、核心力量不足，腳步落地的時候，碰撞的力量便會直接傳到膕繩肌內，引發肌腱退化或發炎。

膕繩肌拉傷的特徵就是，患者在坐下來一段長時間後，坐骨——也就是膕繩肌的起點位——就會產生痛楚和不適，那是一種可忍受的痛楚，像是有點麻痺的感覺，但當他站起來的時候，不適又會消失了。

另一個特徵就是當跑者剛開始跑步，會產生少許痛楚；但維持跑步時，痛楚又會減少。結束跑步回到家後，痛楚又會出現。這種情況會持續下去，痛感也會慢慢增強，直到感覺不能再跑下去，患者才會意識到問題的嚴重性，繼而求醫。

在糾正跑姿方面，患者需要增加步頻來解決這個問題。在跑步十式中，患者可以多做「**不蹬不跨**」來重組跑姿。

◎ 鵝足滑囊炎 ◎

股薄肌
縫匠肌
半腱肌
鵝足肌腱群

　　膝蓋偏內側下面的部分就是鵝足滑囊，它的正常功能是減震，或減低筋腱和骨中間的磨擦，但是如果發炎或產生痛症時，就會讓人感到很不舒服，經常在跑步時，膝蓋內側偏下的部位會感到痛楚。

　　而這個炎症的形成是由於半腱肌、股薄肌，以及縫匠肌這三個肌筋腱下的滑囊磨擦，因而產生的痛症，令膝關節發脹、發熱、有壓痛感。有**扁平足、X型腳（膝撞膝），或內收肌過緊**的話，發生鵝足滑囊炎的機會也會增加。

　　在糾正跑姿上，患者需要保持內收肌肉的柔韌度。在跑步十式中，患者可以多做「**左右開弓**」、「**黃狗射尿**」來重組跑姿。

髂脛束症候群

　　近年越來越多跑者開始留意自身的肌肉，這是一件好事。因為當你更了解自己的身體和發病原因，便不會在出現痛症時不知所措。筆者希望大家如果對肌肉解剖有一點認識的話，就加強相關概念；不認識的話，就從今天起開始學著去了解。

　　髂脛束由盆骨最上端的髂骨，一直延伸到膝蓋、脛骨、腓骨的部分，所以當有磨擦嚴重、發炎的情況出現，在圖中紅色的那個位置就會出現不適感，特徵就是當膝關節屈曲至 30 度，髂脛束末端會接觸及磨擦股骨外髁，因而產生痛症。

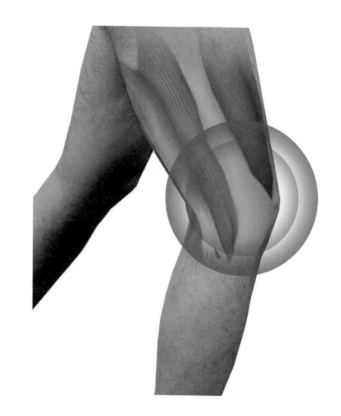

在擺動期的時候，重複的膝關節過分屈曲，或者病態跑姿呈現「**側盤骨**」都可能令髂脛束產生痛症。所以當發現髂脛束的問題時，我們就需要做一些伸展訓練，例如「跑步十式」中的「**美魚靠岸**」，也需要強化臀大肌、臀中肌等肌肉，多做「**黃狗射尿**」的動作。

如果本身有 O 型腳或扁平足，也會增加產生這個痛症的風險。

🏵 內側脛骨壓力症候群 🏵

這個痛症的個案越來越多，大部分出現在長跑跑者身上。當他們在長跑訓練中，希望自己越跑越快，除了會出現**跨步過大**的情況外，還會有**貓步**的問題，而

後者會衍生脛骨內側的壓力症候群。

　　從圖中所見，跑者小腿內側部位有瘀痛和不舒服，不一定要按壓時才會出現不適，有時在跑步時也會腫脹不適，但該位置很難進行伸展，令跑者不知應如何拉筋。

　　跑步時產生的痛症，初期是到一定的里數才開始發生；當去到中期時，連走路都會感到痛楚；去到後期，就算是靜止不動，都會感覺到痛楚，甚至會有種火燒刺痛的感覺。這個就是內側脛骨壓力症候群，無論是扁平足或高弓足患者也有機會患上這個痛症。

　　另外，這個症候群也有機會是由於**後蹬過多**所致。有些人在支撐期末，腳部會向前推進（亦即蹬腿），其實蹬腿是不必要的，應盡量減少。

針對這個部位，我們應使用什麼動作來伸展呢？有 3 個動作可以拉小腿，分別為直腳拉、屈腳拉和轉腳拉，當中轉腳拉就可以拉扯到脛骨內側，也就是在跑步十式中的「愚公移山」。

脛前肌疼痛

跑步時脛前肌的位置痛是很容易解決的問題，因為那是源於跑者跑步時常用腳跟落地、腳掌向上拗起，腳尖向上。

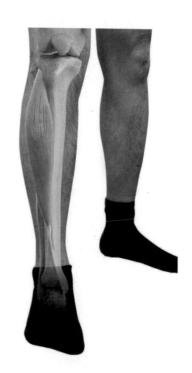

擺動期間我們不會使用到太多肌肉，但到了初始觸地期，亦即落地那刻，就會大量使用脛前肌去減速。

因此，想解決脛前肌疼痛問題，首先是要提醒自己減少用腳跟落地，或者腳尖不要老是指向上，這樣問題就已經解決九成了。脛前肌很少會有筋腱炎、退化症或是發炎的情況，大多數都是跑姿上的問題。

阿基里斯肌腱炎

阿基里斯肌腱炎是個惡名昭彰的痛症，位置就在腳跟上、小腿最底端。恆常跑步而又過了 30 歲的朋友，大部分都有患過這個痛症。

阿基里斯肌腱是人體內其中一條最強壯的筋腱，而連結它的比目魚和腓腸肌，也是人體中非常強壯、被設計來從事爆發力工作的肌肉，例如跑步。

這個痛症當發生時會令人有什麼不適呢？基本的發炎症狀，包括有點腫脹和輕微發熱。阿基里斯肌腱炎跟膕繩肌拉傷有一點很類似，就是一開始跑時，頭幾步便會出現痛楚；過了大約兩、三公里，痛楚感又會減少；但是持續跑下去，痛楚又會再次出現，卻又不會使人痛得跑不下去；當跑者回到家中休息時，痛楚才會越發明顯。發炎疼痛最嚴重的時候，就

阿基里斯腱

是第二天早上，下床落地的那一刻，會產生很強烈的刺痛感，這是筋腱炎常見的情況。

阿基里斯肌腱炎的成因是**過多的前掌觸地**，上文有提及落地的問題，不過應該使用全掌還是前掌落地的問題，我們並不能一概而論，其中一個原因就是如果前掌肌力不足再加上有扁平足，產生阿基里斯肌腱炎的風險就會很高。

所以在物理治療師的角度，我們會建議跑手剛開始跑時，盡量使用全掌落地，如果沒有時間做一些肌力訓練或到健身中心做訓練的話，就更需要避免用過多的前掌落地。無論是落地使用前掌過多或者抬腿前蹬腿過多（也就是上文所述在支撐期末端用太多蹬腿），都可以導致阿基里斯肌腱炎。

這類痛症最難纏的地方就是一旦病發，傷患持續的時間會非常長。

所以當我們接觸阿基里斯肌腱炎個案的時候，絕不能掉以輕心，先要了解痛症發生了多久、發炎去到哪一個階段，痛的位置在哪裏。不同時期發生的阿基里斯肌腱炎、患者足部本身的不同情況（如扁平足、高弓足，有沒有蹬腿等），處理的方法都很不同。

阿基里斯肌腱炎有兩種情況不適宜做小腿伸展拉筋！

第一，如果痛楚感覺明顯在跟骨偏上的部分，而其踝關節背屈的幅度本身也很足夠（背屈多過 30 度），拉筋的次數已經很多但還是很痛的話，筆者建議應該停止拉筋，至少不能再拉那個部位，因為這樣會阻礙肌腱康復進度。筆者會建議患者做一些等長肌肉收縮的動作，或者離心肌肉收縮的訓練，幫助患者強化相關肌肉。

第二，如果疼痛初發，有明顯的急性發炎，皮膚出現微紅，代表肌腱處於急性「反應期」，因為如果持續拉扯，筋腱發炎部分只會更多，此時輕柔的運動按摩會更適合。

髕股關節綜合症

髕股關節綜合症是膝關節常見的病症，也被稱為 Runner's Knee、跑者膝、跑步膝。它引致的痛在膝下方，無論下面裏面或下面外面都可以是其中之一。按壓下去時，會感到痛楚，特點是當久坐後站立時會感到有點痠痛，但走路時痛楚又會慢慢消失。另外也有機會在日常活動時聽到膝頭傳來一些咔咔聲，甚至會有些痠痛。

需要留意的是，如果跑者休息了一段時間仍然有痛楚感覺，就要做一些深度的四頭肌、髖關節屈肌或者髂脛束的肌肉伸展。

有時在診所，我們會要求病人照 X 光片，除了正面和側面照，還有一張高空俯瞰照（skyline view），來看看患者的膝蓋會否跟圖中一樣都是往一邊傾側。

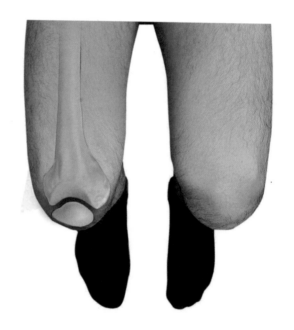

如果真的往一邊傾側的話，一旦摩擦得多，就有機會產生發炎般的痛楚。髕股關節綜合症的成因有很多，過度訓練是其中一種，其他例如**不正常膝蓋滑動、跨步過大、X 型腳**等等，也是成因之一。

足底筋膜炎

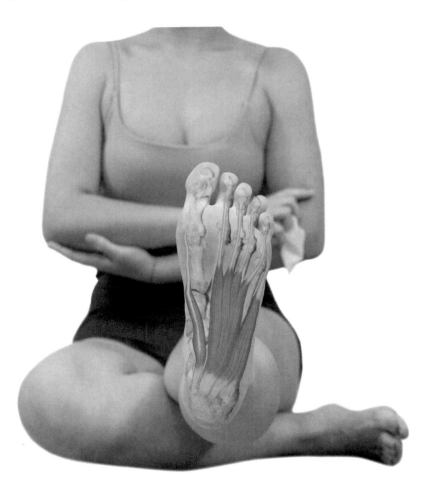

足底筋膜炎非常常見，痛楚的部位比阿基里斯筋腱炎再低一點。如果是已發炎的狀態或者腫起了，通常患者的腳一踩到地上，就會感到不舒服。

足底筋膜炎的最大特點，就是睡覺後，第二天早上落地時，患者會感到痛楚。到梳洗後出門在街上行走時，痛楚感又會消失，沒有之前那麼嚴重。

非常嚴重的患者，走每一步路都會感到痛楚，長時間靜止或坐著不動後一起步便痛，原因就是**過度使用，或跑步的里數增加了，又或者因工作需要長期站立。**

肥胖的話也會增加筋膜負擔，本來患有**扁平足、高弓足**的都有機會患上足底筋膜炎。某些品牌會特別設計適合足底筋膜炎和扁平足人仕的鞋，這些鞋的足弓處可能會有比較多的支撐，內側也會加厚和加重支撐。

足跟挫傷

足跟挫傷跟足底筋膜炎非常相似，很多人都會混淆兩者，但它們在治療上會有所不同。

　　足跟挫傷和足底筋膜炎的分別，就是前者會影響神經線，當神經線受壓，負責某些小肌肉的肌肉控制的外足底神經下跟段就會堵塞，繼而產生發炎或者刺痛感；後者則可參考前文的論述。

　　足跟挫傷痛症的位置跟足底筋膜炎很相似，病理就是因為**一些脂肪墊受壓，肌肉過份用力**而導致。究竟要怎樣才可以減低這個問題出現？

　　從圖中可見這樣的一個倒三角，小腳趾有一個外展肌肉，腳拇趾也有一個外展肌肉，我們需要針對這些肌肉作強化和伸展。

　　筆者建議患者可以進行跑步十式的「跪足拜日」和「鶴立雞群」動作，還可以做得深入一些——雙腿需要拉闊一點，這樣肌肉才可以處理單腳站立時的張力。

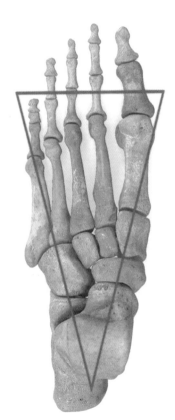

6·2 跑步的黃金數字

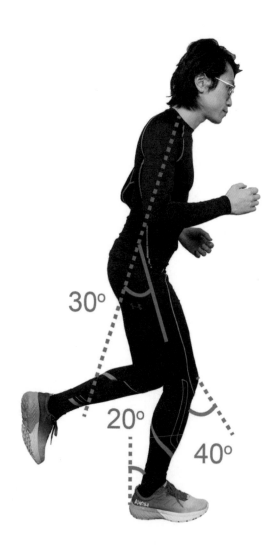

30°

20°

40°

跑步的一個黃金數字就是 30-40-20 ——髖關節 30 度、膝關節 40 度、踝關節 20 度。當去到跑步支撐期，出現中間的負重反應時，就需要運用這個度數，以減低出現問題的機會，包括應力性骨折。

最複雜、最難的跑步十式動作就是不蹬不跨，跑者記住要多練習。

順帶一提，跑者跑步時大多會選擇平路，但香港有很多上斜落斜的地方，使用上斜來做一些提腿的訓練是很有效的。如果想掌握如何提腿，我們可以先選擇一些傾斜幅度較小的斜坡來進行訓練。

另外，跑者要訓練落山跑時要非常小心，身體機能會因為感到驚慌而向後彎，當身體向後彎而跑者又向前衝的話，膝頭的受力會很大，很容易因此產生膝頭上的一些痛症。落山跑時，跑者應注意要將臀部向下，應用上文提到的 30-40-20 黃金比例，這樣便可以減低傷患的風險。

如果是跑樓梯的話，不要使用腳尖，盡量用全掌去上梯級。

大家一定要先懂得辨認和糾正自己的跑姿，以及有效地使用檢測工具，當你非常熟悉自身和別人的跑姿時，便可以開始跟別人分享和教育了。

CHAPTER 7

步姿的重組訓練

　　每一個步態的訓練會分為兩個部分，一個為「關節肌肉啟動」，一個為「運動神經控制」。

　　前者就是上一章提及的跑步十式，它們可以在診所或室內完成；後者是利用感官的重新學習，令新步態在腦裏面引起刺激、使之活躍並牢固起來。跑者可以在鏡子面前放置跑步機，看清楚自己的跑姿，用節拍機去改變自己的踏頻或改變自己的踏步輕重聲音。對於跑步分析師來說，最重要的是在診所教完跑者新步態之後，要出去再做練習，把學到的東西在外界環境中實踐出來。

　　這一章節，我們會將前幾章介紹的問題和糾正訓練整合起來，讓有病態跑姿的跑者可以依循步驟來改正，也讓跑步分析師和教練深入了解每個問題的答案。

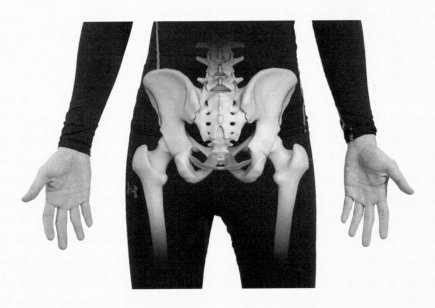

在所有的重組訓練中，都可以配合提肛的啟動來加強核心肌肉的發力。意思就是在做個別訓練和跑步的時候，做一個「忍尿」的動作。

7·1 貓步的重組訓練

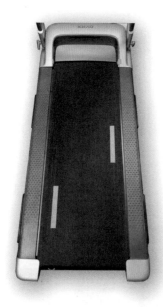

　　貓步是下肢內和外的張力失衡問題。因此改正的原理就是放鬆內側肌肉、強化外側肌肉。在關節肌肉啟動上，加強內收肌肉關節的柔韌度（長肌和大肌），患者可以做左右開弓、腰大肌伸展、龍舟競渡；然後加強外展肌肉強化，就是做黃狗射尿來啟動臀部三兄弟（臀大肌、臀中及小肌）。

　　運動神經控制方面，我們可以先在跑步機上用白色膠帶畫上左右各一的軌道，兩條膠帶的分開距離與肩膊寬度相若。這樣當跑者踏步的時候，就可以按著軌道分開雙腳，從而修正腦內的習慣意識，讓他在之後運動時都可以分開雙腳。

　　然後，我們可以在鏡子面前再進行跑步機的訓練，這就可以確保當跑者落地時，雙腳不會出現交錯或貓步的情況。

糾 正 貼 士

跑者在運動場跑步訓練之前，熱身時要先做深度的內收肌的伸展（左右開弓），才去進行長跑或其他跑步恆常練習。

7·2 側盆骨的重組訓練

會產生側盆骨的原因是臀部
肌肉乏力或沒有被利用。

關節肌肉啟動方面，先要做
臀部三兄弟的強化，也就是做黃
狗射尿、鶴立雞群的動作。

運動神經控制方面，一開始
熱身的時候，可以在鏡子面前放
置跑步機看盆骨動態，認清問題
後，進行跑步練習，最後才在運
動場上跑。

彈性貼布

糾正貼士

如果發現自己的臀部真的不懂如何用力，可以附加一條運動貼布貼在臀部臀大
肌的位置，然後才再做運動。有用過運動貼布的人都會知道，當貼布黏在身上
時會有一種感覺，就好像不斷有一個人在提醒你，臀部要用力，我們就是要製
造這個效果去喚醒肌肉。

7·3 膝撞膝的重組訓練

膝撞膝的原因是足弓下塌和臀部肌肉乏力。

關節肌肉啟動上，我們可以做虎爪熊掌、鶴立雞群和黃狗射尿。另外髖關節外旋的肌肉練習，包括梨狀肌的訓練也適合。

運動神經控制方面，同樣是先做跑步機的反饋，以及在鏡子前進行跑步練習。確定每一踏步都如鶴立雞群般，在正冠狀面下觀察，髖膝踝關節的直線是一致的。

糾正貼士

跑者在運動場熱身時，跑步訓練之前，用練力帶進行蟹行。先在大腿上綁著練力帶，然後雙腿不斷外展，這稱為蟹行練習。

7·4 羚羊步的重組訓練

羚羊步的原因是雙重關節肌肉失衡。

關節肌肉啟動上，我們要重組一些雙重關節的肌肉，包括膕繩肌、四頭肌和腓腸肌。我們可以透過鶴立雞群、不蹬不跨的訓練來改善。不蹬不跨的重點是減少使用小腿推蹬的習慣、增加髖部屈肌的動作。這樣不但可以減少跑者的垂直震幅，更減低小腿經常繃緊或抽筋的情況。另外，Dead Lift，即直腿硬拉，是一個多重關節的強化訓練，可以練到臀部、後大腿的肌肉。

運動神經控制方面，我們可以從改變跑鞋和增加步頻來改善羚羊步。

關於跑鞋，由芬蘭赫爾辛基大學和美國哈佛大學共同研究[①]發現，如果我們穿著不同的鞋，如厚底或薄底跑鞋去跑步的話，關節的反應會有明顯分別。穿厚底鞋時，膝關節的彎曲幅度減少，

Dead Lift 運動

踏地的衝擊力會增加，而速度越快，這個分別就越明顯。試想像一下，我們平常都是穿著鞋去跑步，如果試試不穿鞋跑步，腳掌就要直接與地面接觸，是不是就會提醒自己不要彈得太高？因此羚羊步患者可以試試不穿鞋跑步，或者穿極簡主義的跑鞋去跑，這樣就可以訓練腦部去吸收肌肉的彈性。

另外，透過增加步頻，跑者的步距減少了，上下垂直震幅自然會減少，羚羊步就得以改善。不同跑步年資的跑者每分鐘的步數都比 180(步 / 分鐘) 少 10-20 下。對於步頻 160(步 / 分鐘) 的人來說，增加步頻是很容易的。起初或許小腿會容易感覺疲累，但這個情況一般在一個月內就會改善。

糾 正 貼 士

跑者在運動場熱身時，跑步訓練之前，可以先光著腳掌輕輕原地踏步操兵或者跑一圈熱身，使身體習慣較少的羚羊彈跳。

---

① Kulmala, JP., Kosonen, J., Nurminen, J. et al. Running in highly cushioned shoes increases leg stiffness and amplifies impact loading. Sci Rep 8, 17496 (2018). https://doi.org/10.1038/s41598-018-35980-6

7.5　八字腳的重組訓練

八字腳的原因是下肢外旋和內旋肌肉失衡，以及腰椎盆骨過份前傾或後傾而導致。

關節肌肉啟動上，跑者可以做美魚靠岸、壁虎靠牆和龍舟競渡等動作來改善。

運動神經控制方面，首先要更改平常的習慣，坐下、站立、走路時，都要提醒自己的腳部要呈 11 字腳，以同時調節兩邊。另外，在鏡子面前再進行跑步機的訓練，速度調慢一點，著重每一步踏地的時候都要以 11 字腳尖指向前。

糾正貼士

跑者在運動場熱身時，跑步訓練之前，可以做單手舉重物走路的練習，我們可以找一個重一點的啞鈴，並把它舉上最高位置，與此同時要把腹部收緊及出力，盆骨後傾或中立，再迫自己要 11 字腳行走，才可以正確行走及不會左右搖擺。

7·6 跨步過大的重組訓練

跨步過大與步頻太低，和過份追尋速度表現增加有關。

關節肌肉啟動上，著重臀部和後大腿訓練的鶴立雞群可以強化膕繩肌，減少拉傷。另外，Dead Lift 直腿硬拉，也是很好的下肢肌肉力量鍛練（尤其是膕繩肌）。另外不蹬不跨也是針對跨步改善的訓練，透過正確的軀幹重心前移，減低腳掌落地過前的風險。

運動神經控制方面，在追求速度表現的時候，跨步以增加每一步的距離比起增加步頻來得容易，因此跨步過大的機會自然提高。在此筆者建議，先把步頻增加至 180（步 / 分鐘），就已經可以大大減低因為操之過急而產生痛症的風險。

糾 正 貼 士

跑者在改善跨步過大的時候，最好選擇在運動場或跑步機上，聽著節奏是 180（拍 / 分鐘）的歌曲進行練習，專心一致，心無雜念，才能事半功倍。

盆骨前傾的重組訓練

盆骨前傾的原因是腹前肌肉和臀部肌肉乏力，下後背和髖屈肌短縮。

關節肌肉啟動上，龍舟競渡和跪足拜日是重要的訓練，要做腹直肌和臀部肌肉的強化，收緊腹部和臀部位置。另外，跑者需要伸展腰大肌和豎棘肌，還要拉伸胸腰筋膜，因此壁虎靠牆的訓練也是必要的。

運動神經控制方面，跑者需要多做單手舉重物走路的練習，我們可以找一個重一點的啞鈴，並把它舉上最高位置，與此同時要把腹部收緊及出力，盆骨後傾或中立。

糾 正 貼 士

跑者在運動場熱身時，跑步訓練之前，站立在鏡子前，側身觀察矢狀面，將盆骨前後傾 30 次，確定自己可以做到盆骨中立後才跑步。

7·8 關節硬緊的重組訓練

　　關節硬緊的原因是「挺直形態」（Extension Pattern）。跑者由於身體關節缺乏流動性，因此跑步的時候像操兵一樣。

　　關節肌肉啟動上，我們可以先做壁虎靠牆的動作放鬆胸腰筋膜。另外也需確保身體各部分的柔韌度適中。

　　運動神經控制方面，我們需要激活前庭系統，這個系統就是在耳內負責身體的平衡和協調軀幹四肢動作。我們可以透過波比跳（Burpee）——伏地挺身再立正跳起——來激活前庭系統。

糾 正 貼 士

將跑步機減慢速度，在腰間束上負重物做步行或跑步訓練，可以增加身體感覺系統的刺激。另外也可以嘗試穿著鞋底比較薄的跑鞋，以增加著地的觸感和關節的彈性。

7·9 動態扁平足的重組訓練

　　動態扁平足的原因是天生支撐足弓的肌肉乏力，或者後天傷患減低了足弓承托。

　　關節肌肉啟動上，虎爪熊掌、跪足拜日、鶴立雞群的訓練都是必須的。

　　另外，適當使用足弓矯型鞋墊，可使跑步的時候減少足弓下塌的情況。鞋墊就好像特效藥一樣，可以算是比較「速食」的解決方法。但如果不想靠鞋墊的話，也可以靠肌肉訓練，不過所需的時間會比較長。

　　運動神經控制方面，日常可穿著五趾襪，在家裏赤足行走，在計畫好的跑步練習中，加插穿著五趾鞋來跑步的個別訓練時間（筆者在這裏要強調，並不是要長時間使用五趾鞋，只是作為特別訓練使用），可鼓勵使用足弓小肌肉。

　　另外，上面提及過的單手舉重物練習也適用於此。

糾 正 貼 士

跑者除了在運動場上訓練外，可以嘗試赤腳在沙灘跑步，或進行單腳支撐的運動，對改善足弓也有很好的效果。

跑姿分析

生物力學物理治療師的跑步醫學

作者	莊子聰
編輯	Rain
封面設計	Qcuremarketing
內文設計	VN Chan

出版　　　釀字工房 Ideate Trails
　　　　　九龍新蒲崗爵祿街 33 號 Port 33 20 樓 02 室
電郵　　　info@ideate.hk
Instagram　Ideate.Trails
Facebook　Ideate.Trails

香港發行　春華發行代理有限公司
　　　　　香港九龍觀塘海濱道 171 號
　　　　　申新證券大廈 8 樓
電話　　　2775 0388
傳真　　　2690 3898
電郵　　　admin@springsino.com.hk
台灣發行　永盈出版行銷有限公司
　　　　　台灣新北市新店區中五路 499 號 4 樓
電話　　　(886) 2-2218-0701
傳真　　　(886) 2-2218-0704
電郵　　　rphsale@gmail.com

承印　　　新世紀印刷實業有限公司
版次　　　香港初版一刷 2022 年 7 月
　　　　　© 2022 釀字工房 Ideate Trails 作品 27
ISBN　　　978-988-78835-6-2
定價　　　HKD 98 / TWD 490